災害
ボランティア活動
ブックレット
2

被災地に寄り添う
災害ボランティアセンター運営

災害ボランティア活動ブックレット編集委員会　編

はじめに

「泥を見ずに人を見よ」

　数年前、ある地震被災地の災害ボランティアセンター（以下、災害VC）でのこと。当初、住民から「ニーズ受付係」（困りごと相談窓口）にかかってきた電話を受けたスタッフは、ひとしきり状況を聴いたあとに、家屋の被災建築物応急危険度判定（二次災害を防ぐことを目的に、地震直後に市町村が建築士等に協力を求め、家屋の被害状況を調査）の結果を示した貼り紙の色を確認しました。そして自治体からの通達にしたがい、赤（「危険」立ち入り禁止）や黄（「要注意」立ち入りに注意）の場合には、「ボランティアの安全を確保する」ため、災害VCによる支援をやむを得ず断っていました。

　突然の自然災害に見舞われ、どう対処していいか分からないまま災害VCに助けを求め、電話口で支援を断られた住民は、その後どうされたでしょうか？　同じような対応は、これまで各地の災害VCで見られました。

　東日本大震災では、被災地の人たちが立ちあがり、また全国から多くの人たちが現地に駆けつけてボランティア活動に取り組みました。市町村社会福祉協議会（以下、社協）の災害VCを通して活動したボランティアは、岩手県、宮城県、福島県の3県だけで延べ134万人を超えました（2014〈平成26〉年2月末現在、全国社会福祉協議会調べ）。NPOなど独自の活動によって実際にはさらに多くの人たちが活動しており、ボランティアやNPOなどによる被災地支援の活動は、地震発生から10年が経過した今も続いています。

　毎年発生する災害のたびに、社協が中核となり、地域の諸組織などと協力して災害VCを設置、運営してきましたが、今ではそれが一般的にも認識されています。

一方で、災害 VC が「瓦礫撤去センター」と揶揄されるなど、重点的な支援を必要とする要配慮者への支援が十分に行き届いていない状況がありました。また、災害 VC が多様な団体や関係者の参画によって運営されていても、情報共有が十分でない状況やそれぞれの特性を活かし切れずに協働型とは言い切れない状況も見受けられました。

　被災者の誰もが支援を必要とする甚大な被害を前にして、確かにやむを得ない状況ではありました。ただ、これは東日本大震災時に限ったことではありません。これまでの災害 VC で、片付けの大変さは語られても被災した住民の生活や困り事についてあまり語られない状況に「泥を見ずに人を見よ」と指摘されたこともありました。

　冒頭の災害 VC では、被災者からの支援の相談があった場合、応援スタッフを含めた社協職員が住民宅を訪ね、被災状況やこれからの希望を直接聴き、ボランティアによる支援以外にもさまざまな相談に乗るようにしました。そのうえで、「赤紙判定」であっても、その原因となっている危険を除去・回避する何らかの応急的手立てを専門家らが行い、限定的にでもボランティア活動が可能となる場合には、安全が確保できる範囲内で活動を行うことにしました。これは、専門家の協力を得ることで可能になったことです。

　災害時の支援活動は日頃の地域福祉活動と同様に、さまざまな要因で「こうありたい」と思いながらできないケースが少なくありません。しかし、時間の経過、関わる人や組織などの変化に応じて、そしてさまざまな取り組みを通してより良くしていくことができるのではないでしょうか。

　首都直下型地震や南海トラフ地震など、大規模地震災害の発生が懸念されるなかにあって、東日本大震災の経験を踏まえた災害対策が進められています。また、多くの人たちがボランティア活動や災害 VC 運営支援の現場に関わり被災者や被災地域に接した経験から、住民の間でも災害対応への関心が高まっています。全国各地で防災訓練や避難所運営訓練、災害VC 設置運営訓練などの取り組みもなされるようになってきました。

　東日本大震災以降も、平成28年熊本地震、平成30年7月豪雨、令和
元年東日本台風（台風19号）、令和2年7月豪雨など、各地で多くの災
害が発生し甚大な被害に見舞われました。そのほか、災害VCが開設され
た災害はあまたあり、自然災害はこれまで以上に猛威を振るうようになっ
ています。

　こうした被災経験・支援経験を積み重ねるなかで、復興期においても、
災害VCから復興ボランティアセンターへと移行して支援を継続するケー
スもあります。また生活支援相談員が仮設住宅や在宅等の被災者を訪問し
生活再建を支える「被災者見守り・相談支援事業」が制度化されたり、生
活再建を支えていくなかで、災害時の包括的支援体制の実践ともいえる「災
害ケースマネジメント」の取り組みがなされたりといった動きもあります。

　今後も災害が多発することが予想されるだけでなく、少子高齢化や人口
減少により地域における支え合い機能の低下が懸念されるなか、災害時の
ボランティア活動が、被災した住民、地域の支え合いを支える役割は非常
に大きいと思います。

　被災された方がたの生活再建を見据えつつ災害時の支援、特に災害VC
による支援はどうあるべきなのか。全国の社協やNPOなど、地域や災害
に関わる皆さんと、本書を通して基本的な考え方を共有していきたいと思
います。

災害ボランティア活動ブックレット **2**

被災地に寄り添う災害ボランティアセンター運営

SAIGAI VOLUNTEER BOOKLET　▶ CONTENTS

I

何のために
災害ボランティアセンターを
設置するのか

I

何のために災害ボランティアセンターを設置するのか

1　そもそも災害ボランティア活動とは
～被災した住民に寄り添う～

（1）災害 VC の仕組みがなかった時代

　現在のように災害 VC の仕組みがなかった 1995（平成 7）年。阪神・淡路大震災の甚大な被害の光景や被災後の困難な避難生活を知り、ボランティア団体等で活動する人たち以外にも多くの市民が、「放っておけない。何かできないか」と被災地に駆けつけ支援に当たっていました。当時それら市民は何をどうすることが一番被災された人にとってよいのか分からず、被災者の傍らに寄り添い、取り組みを模索し続けていたそうです。

　その後、各地で大きな災害が発生するごとに、より多くのボランティアの力を被災した地域・住民に届けるために、災害 VC の仕組みが作られ、徐々に定着していきました。同時に「災害ボランティア」「災害ボランティア活動」という言葉も浸透していきます。

（2）「災害ボランティア活動」を特定の活動と決めつけない

　「災害ボランティア活動」とは何でしょうか？

　災害ボランティア活動という言葉は、泥出しや片付け、あるいは避難所の炊き出しや話し相手など、特定の活動を指すものと受け取られている印象があります。突然の自然災害によって発生した被害から、生活の復旧に向けた取り組みは重要であり、多くの人手を必要とするため、災害時の支援として認知されやすいのは当然です。しかし、被災した時に抱える課題、生活を立て直していくための課題は、これらのものだけでしょうか。

　ある水害の被災地で出会った高齢男性は、自宅の敷地に誰彼となく濡れた土砂や廃棄物が不法投棄されている状況について行政に相談しましたが、なかなか対応してくれないと話していました。そこで災害 VC は、敷

地部分にロープを張って立ち入り禁止の表示をしたところ男性はとても安心されたそうです。

　被災した地域を歩いて住民の人たちと話すと、実にさまざまなことに頭を悩まされていることが分かります。災害ボランティア活動とは、「特定の活動」ではなく、被災者の気持ちに思いを馳せ、被災者に寄り添う活動であることと理解することが大切です。

（3）広く生活課題に関わる「災害時のボランティア活動」

　足腰が弱くなってしまうと、家に手すりをつけたり段差をなくしたりするなどの住宅改修をしなければ、日頃の暮らしが不便で不安になる高齢者が少なくありません。高い所での作業にも危険が伴い、重いものを持って移動することが困難になることもあります。車の運転ができず公共交通機関の利用にも不便があり、近所の人の車に乗せてもらい買い物や通院することで生活を成り立たせている人もいます。また、持病があって食事制限のある人、一人暮らしで家には話し相手がおらず、ちょっとしたことで気分が落ち込んでしまう人がいます。小さい子どもがいる家庭では子どもから目が離せず、あるいは用事があっても子どもを預ける先に困るという人もいます。

　日常的にさまざまな生活課題を抱える方が被災し、より困難さを増しています。こうしたことに目を向けていくと、避難所等での福祉的な支援、被災した家の片付けが進むようにするための託児、食事制限など健康状態に配慮したメニューによる炊き出し、被災によって休業した近所の店が再開するまでの間の買い物代行や買い物ツアー、細やかな個別対応や共通課題に対応した活動など、被災者に必要とされることは実にさまざまです。

（4）大切なのは被災者の生活の自立的再建支援

　このように、災害時のボランティア活動は多種多様に考えられます。しかし、その趣旨は、「被災した地域や住民は全てにおいて困っているのだから、支援者ができることは何でもとことんやってあげるべき」、ということではありません。あくまでも、被災した住民が自立的に生活を再建し

ていけるための支援、被災した地域の支え合い機能を取り戻していくための支援に主眼を置くことが重要です。

　被災した住民・地域が自分たちだけでは課題解決できず、地域外からの支援や既存のサービス・活動以外の支援をも必要とする状況下で、活動分野や内容に限らない、また定型化されたものに限らない災害時のボランティア活動の全般を、「災害ボランティア活動」と捉える視点が必要です。

2014（平成26）年広島土砂災害でのボランティア活動
（広島市安佐南区）

2　何のため誰のための災害VCか

(1) 被災した地域・住民への視野

　東日本大震災から2年近く経過した頃。震災で広域的に被害を受けた、ある地域の災害VCで運営の中核を担った社協の職員が、被災当初をこう振り返りました。

　——甚大な災害で、たくさんの人が家族など大切な人を亡くされ、*精神的にも大きな打撃を受けている。津波で家を失った人、津波で浸水したものの家だけは残った人、内陸で地震被害を受けた人、物理的な被害は大きくなくともライフラインの寸断で生活に困難を抱える人…。被害がさまざまななかで、社協として優先順位をどうするべきか、とても迷った。*——

　「優先順位」という言葉は苦渋の表現だと思います。甚大な被害を受けた状況下で、地域や住民全体に視野を広げ、誰もが支援対象になり得ると考える。そうしたなかで「すぐに全てを支援できない時にどう取り組むか」という問いは、まさに日頃から地域福祉活動に取り組む社協らしい、被災に際しての態度でしょう。

(2) ボランティアの力を届ける役割

　日頃は困ったことがあっても、さまざまな仕組みやサービスを活用しながら自力で解決したり、地域で支え合って暮らしを成り立たせたりしています。なかには後回しにしている課題もあるでしょう。

　しかし、ひとたび大きな災害が起こると、生活上に新たな困難が生じたり、何とかやり過ごしてきた課題が高じて顕在化したり、通常の社会システムでは対応できないことが顕著化します。こうしたなか、被災した地域や住民にボランティアの力を届けるのが災害VCの役割です。これまで多くの被災地では、地域や住民と関わりが深く日頃の状況をよく知る地元の社協が、多様な機関と連携・協働して災害VCを開設・運営してきました。

（3）困難の大きさは必ずしも災害の規模によらない

　災害が起こった時、要配慮者への支援が真っ先に必要ではないか、日頃は心配事のない人でも生活課題を抱えていないかなど広い視野で状況を見て、単に災害VCを開設するか否かを検討するのではなく、開設しない場合であっても、地域や住民の状況を確認し、何らかの支援が必要ならどのように関わるとよいのか、地域の方と相談しながら検討することが重要です。

　住民の生活課題の重篤さやつらさは、必ずしも「被災規模の大小によって決まらない」という視点も大切です。「大きな災害が起こると生活上の困難が生じる」と前述しましたが、実際には規模によらず、日頃の状況や地域での関係性などから、被災度合いが小さくても解決できない課題となる場合があります。災害は、非日常的な事態であると同時に日常の延長でもあり、これが災害時の支援において社協の役割が大きいといわれることにつながっています。

（4）災害VCは生活再建を見据えて運営する

　災害VCは具体的に何をどこまでするか——。

　これは災害の規模や被災した地域の状況、支える資源など、さまざまな要因で異なります。同じ災害VCでも、時間の経過で求められる支援は変化していきます。

　2013（平成25）年の夏、大雨で被害を受けた山口県萩市でのことでした。被災された方がたの実態を把握するために、災害VCの運営支援に来ていた市外の社協職員が、地元の自治会役員とともに、地域を1軒ずつ訪ねました。被害状況や困っていること、要望などを伺うなかで、一人暮らしの高齢女性からこんな話を聴きました。

　——自分ではどうしようもない被害に遭い、近所の人、ボランティアに泥出しや片付けなどしてもらい、本当に感謝している。
　手伝いに来ていた自分の子ども家族が帰ったので、今は一人で壁に染みついた泥汚れを掃除したり、2階に上げてもらった荷物を片付けたりして

いる。しかし、年をとっているので無理はできないし、していない。それでも暑さもあって疲れてきた。家のトイレの前の床板には段差ができてしまったので歩行が難しく、自分はこのままでは暮らせない。

　元のように暮らせるまでには、まだまだやらないといけないことがある。近所の人たちからは、「昔と違ってみんな年をとったから、思うように助けてあげられず情けない」と言ってくれるが、そんな気持ちにさせるのも申し訳ない。──

　話を聴いた市外の社協職員は「これまでは、子どもから一緒に暮らさないかと言われても、今さら家を離れたくないと固辞されていたとしても、これ以上迷惑をかけて一人で暮らすなど、わがままは言えない」と考えてしまうのではないかと心配になり、地元の社協に報告しました。

　被災してどうしていいか分からない状態から、まず泥出しや片付けなどをすることで日常を取り戻すきっかけをつくり、「一人じゃない」と被災者に思ってもらうことは大切です。しかし、被災者がそのことに感謝しつつも暮らし続けられないとしたらとても残念であり、ひいては住民が地域を離れ、地域崩壊に結び付いていくことにもなりかねません。

　災害時の支援でめざしているのは被災者の「こうありたい」思いを支えていくこと。被災をしてもその家・地域で暮らし続けたいという思いのある方は、どうすればそれが果たせるかがテーマです。要配慮者、さまざまな要因により地域から孤立している人、災害によって困難を抱えた人など、誰もが被災をしても地域で暮らし続けられるためには、どのような関わりや支援が必要なのか。支援においては、暮らし全体に目を向け、住宅の補修などさまざまな相談に乗りながら、制度・サービスの紹介、近隣の方の声かけなどできるだけのことをして生活の再建を見据えていくことが重要です。災害VCもその中で役割を果たすことが重要といえるでしょう。

3 災害時の住民ニーズとその把握
~被災した住民に向けるまなざし~

(1)「片付け作業」は生活再建の第一歩
　2000（平成12）年に発生した、鳥取県西部地震で被災した日野町で、高齢者世帯を訪問し聴き取り調査を行いました。地震から4か月たった頃でした。悪天候が続く日本海側の冬場の町で、まだまだ片付かないという声が聞かれるものの、災害VCへの依頼はほとんどありません。このためボランティアによる支援が本当に必要ないのか確認することになりました。

　町内の約2割、およそ300世帯を訪問して確認されたのは、地震による物理的・精神的な影響が大きく残っており、天候の良くなる春になってから再び作業的な支援が求められるであろうということでした。併せて、過疎・高齢化が進んだ町で、地震以前から高齢者が抱えている日常の生活課題が解決されないままになっていることが分かりました。

　「地震前に亡くなった夫の咳払いが聞こえないのが寂しい」といった言葉で、今後の住宅の片付け、補修や再建を含めた暮らしの在り方を、自分一人で決めないといけないつらさを訴える人も多くいました。「被災して困っていることはありますか？」と聞かれても、地震の被害、配偶者の死、健康不安など、被災後の暮らし全般にわたって困り事が混在していて、答えに戸惑われていたのです。

　被災した住民・地域を支援する災害VCにとって「被災した住民の暮らし、生活の再建をどう支えるか」がテーマであり、そのための足掛かりとなるのが片付けなどの作業であることに気付かされました。

(2) 時に柔軟な対応を
　被災後の生活の場を確保するためには、例えば地震や竜巻などでは家屋の片付けや応急の修繕などが、水害では家財道具の搬出や泥出しなどが優先されます。その間も避難所や在宅での生活を支えるためにはさまざまな支援が必要になります。

　課題は、災害による直接的な被害によるものだけではありません。日頃の生活課題が被災によってより深刻になっていないか、新たな生活課題が生じていないか、という視点が重要です。こうした支援の際に、高齢者世帯などを優先する、家屋内の片付けを優先するといった基準を設けることは必要だと思います。しかし、ケースによっては、より柔軟に対応することも必要です。

(3) ニーズ票に収まらないところにも思いを馳せる

　ある水害被災地では、家屋の泥出しに行ったボランティアから、活動先の近隣に一人で畑の泥出しをしている高齢の女性がいたと災害 VC に報告がありました。離れて暮らす孫に農作物を送ることを楽しみにしていて、すぐに復旧しないと収穫ができないと思い、体調が悪いのを押して畑作業をしていたとのこと。この時、災害 VC のスタッフは「今は家屋内の泥出しが優先であり、この高齢の女性には特に対応しない」という判断をしました。

　これはまさに、「人を見ずに泥を見ている」例のように思えます。被災された人の心と健康に目を向け、その人の気持ちに寄り添い、まずは訪問して相談に乗り、畑仕事を少しでも共に行うなど何かできることはないかを考え、柔軟に対応することが重要だったのではないでしょうか。

　このような状況は、災害 VC が用いている「ニーズ受付票」の運用が助長しているように感じることがあります。様式は本来、聴いた内容を漏れなく把握し、課題を明確にするためのものであるはずです。住民の話をニーズ票に当てはめるように聴き、様式に収まりきらない被災者の思いや大切にしたい背景への配慮が抜け落ちてしまってはいけません。

(4) 支援ニーズをいかに把握するか

　災害 VC でニーズを把握し集約する係を、「ニーズ受付班」と称している場合が多くあります。受付班を設置し、チラシ配布、防災無線、声かけやマスコミ報道などにより、災害 VC の開設や活動内容の周知に手を尽くせば、「被災して困っている住民は電話などで申し出てくるだろう」とい

う思い込みはないでしょうか。

　被災地では、高齢者が「人さまに頼ってはいけない。自分のことは自分でしないといけない」という思いで支援を遠慮したりします。「ボランティアができることは何でもやります」と被災者は声をかけられても、警戒したり、ボランティアに何をどう頼めばいいのか分からないという状況も見受けられます。こうしたなかで支援ニーズをどのように把握するかが課題といえます。

　被害が特に大きい他の地域の報道を見て依頼を控えているうちに、集落だけでは手に負えないまま災害 VC の閉所が決定し、取り残されている事例もありました。

　「頭を抱える」と表現されるように、そもそもひどく困った場合には、自分の状況を客観視して発信することに思い至らなかったり、支援を必要としていても「あの人はボランティアに頼んでいる」という世間の目が気になってためらってしまう場合があります。

　被害を受けた人は、「『助けて』『手伝って』という声をあげることやその内容を具体的に説明することが困難である」という前提に立つことが必要です。だからこそ、電話受付体制の整備や相談に訪れやすい窓口づくり、災害 VC スタッフが訪問して話を聴くことや、地域の方や諸機関からの情報収集、被災者自ら状況を話しやすい場づくり・雰囲気づくりなど、住民が相談しやすいように工夫することが大切です。

　また、住民がどこにどう相談していいか分からずボランティアが対応できない相談を受けることもあります。その際、被災者の状況や心情を踏まえてただ断るのではなく、支援できる先につないだり、一緒に考えたりする総合相談機能を意識することも大切です。

　普段から「断らない相談支援」に取り組む社協が災害 VC の中核を担う意味が、ここにあります。

4　社協が災害VCに取り組む意義とは

（1）災害 VC の運営は「被災者中心・地元主体・協働」

　災害 VC の開設・運営にあたっては、被災者中心・地元主体・協働を基本とし、被災したなかでも営まれる地域の支え合いが重要です。地域や住民の考え方、関係性などへの配慮を欠いて支援をした結果、復旧は早く進んだが地域コミュニティーが壊れてしまった、というような事態は避けなければなりません。一方、住民一人ひとりの思いが地域全体の価値観と重なるわけではなく、災害時の対応をいっそう難しくするケースもあります。

　被災によって、日頃から支援を要する住民の課題はより解決困難な状況になり、多くの住民が「誰に相談し、どのように解決すればいいのか」分からなくなり、孤立するなど、生きづらさを抱える状況におかれます。こうした状況下にある地域や住民を支えていくためには、普段から把握している情報や関係性を背景に、住民の声を聴いていくことが大切です。

　災害時の対応で平常時と違うのは、目を向けなければならない対象や数、日頃と異なる状態や内容の課題、緊急性が高いケースが増えることです。このため、こうした課題に対応できる体制を組み、普段と異なる動きが必要になります。

　また、暮らし全般に目を向けると、さまざまな組織や機関が連携・協働して取り組まなければ、住民の課題を解決したり要望に応えたりすることができません。その一方で、被災後の取り組みを進めることによって、地域内外に新たなつながりが生まれ、日頃から課題と認識しながら解決できなかったことが、良い方向に向かうケースも少なくありません。

（2）「協議会」であること、全国ネットワークが社協の強み

　住民の主体的な取り組みや地域の支え合いを支援し、必要な人には福祉サービスを直接的に提供、制度やサービス、さらに解決のために必要な手立てへとつなぐ。また住民の状況を踏まえて、必要な場合は政策提言などを行う。

これらは、社協が「協議会」＝「連携・協働の場（プラットフォーム）」としての機能を活かして日常的に取り組んでいることそのものではないでしょうか。また、被災した住民が元の生活に戻ったとしても、その後の暮らしに支えが必要になることがあります。そのことを考えても、社協が関わる意義は大きいのです。災害時、そして平時の支援を行うにあたり、地域におけるさまざまな関係機関・団体とつながっていること、そして全国組織としての社協独自のネットワークがあることが活きてきます。

　ただ、社協にとって災害時の支援活動と災害 VC 運営はイコールではありません。住民主体の地域福祉活動や介護保険事業など社協のさまざまな事業・活動と災害 VC が連携し、総合的に被災地域の支援、被災住民の支援にあたることが重要です。

　社協の地域や関係機関との関わりや事業はさまざまで、災害時の体制づくりや対応も多様です。ある被災地の社協職員が話した「社協の限界が支援の限界であってはならない」という言葉を胸に刻んで、地域や住民への視点を忘れることなく、他の団体と連携・協働による支援体制づくりをめざしたいものです。

（3）災害 VC は社協でなければ設置できないか？

　災害 VC は社協でなければ設置できないのでしょうか？　災害時には被災者を支える人として、家族の他にも、地域や住民とのつながりで、直接被災地域に入ってさまざまな形で支援活動を担う人たちがいます。こうした力を活かして、これまで被災地では、地域の集会所に自治会の役員などが地区災害対策本部を設けて、被災状況などの情報集約、対応の検討および実際の支援を行った自主防災組織の活動もあります。そこに地区外のNPO などが加わって、住民とともにボランティアの募集・受入や、個別の支援を調整する地区災害 VC となっていく場合もあります。

　東日本大震災後には、さまざまな分野で活動している NPO・NGO や各種団体が、組織力や得意とする分野を活かしながら、被害の大きい地区に現地拠点を構えて継続的に支援しています。なかには少し離れた地域に拠点を設けて、現地で活動するさまざまな団体と連携し、ボランティアの活

動先の紹介や現地活動の支援をする組織ができるなど、さまざまな災害VCが設置されました。今後は社会福祉法人・福祉施設が地域における公益的な取組という形で、そうした役割を果たす可能性もあります。

　このように災害VCは直接、社協が設置・運営するだけでなく、災害の規模や被災した地域の状況によって、地域やNPO、社会福祉法人・福祉施設など諸団体が設置する場合もあります。いずれの場合も、それぞれの特性を活かした取り組みを行いながら、社協としては主体的に情報交換や活動の連携などのつながりをもち、支援を受ける地域・住民のことを第一に考えた取り組みをしていくことが重要です。

2011（平成23）年新潟・福島豪雨でのボランティア活動
（福島県只見町）

5 さまざまな災害に対応する災害VCの在り方

（1）災害 VC の円滑な運営が目的ではない

　社協や自主防災組織などが災害対応マニュアルを作成する際、他の地域で作成したマニュアルをインターネットで入手して活用した、東日本大震災被災後に見直したマニュアルをほとんどそのまま流用した、といった話を聞くことがあります。他所の優れた取り組みや被災地の経験を活かすのは大切なことですが、果たしてそれらがその地域の災害時に役立つのでしょうか？

　マニュアルの整備や災害 VC 運営訓練などにより、「実際の災害時に災害 VC の立ち上げや運営が混乱しないように」準備する向きもあるようですが、被災した地域や住民の支援よりも災害 VC 運営そのものに意識が向いていないでしょうか？

　「災害は、それぞれごとに顔がある」と言われます。災害の種類や規模、時期や時間など、発生の仕方によって被害や求められる対応はさまざまです。また、地域性などによって、支え合いの状況や使える社会資源も全く異なります。

　被災した地域や住民の支援を行うためには、その災害によって誰がどのようなことに困り、どうしてほしいのか（何が助けとなるのか）、どうなることを願っているのかを把握することを起点に、地域や住民の状況に即した支援を行っていくことが必要です。マニュアルの完成度を高くしても、その作成過程で自分の地域の状況に即した対応の検討や、関係者との意見交換や情報共有することを抜きにしていては、いざ災害が起こった時に、住民不在の対応となってしまいます。

（2）水害における災害 VC の活動

　災害 VC の対応について、水害時の特徴を例に考えてみましょう。

　河川の氾濫や内水氾濫などによる水害時には、天候が回復し水が引いたらすぐに復旧活動を行うことが必要です。泥が固まってしまう前の活動が

大切で、ピード勝負とされることがあります。

　水に浸かった家財道具の片付けや泥出しなどたくさんの人数を要する活動も多いため、大勢のボランティアによる活動をコーディネートできる体制を組み、個別のニーズを把握して支援にあたります。併せて、事前に個別の状況を把握しきれていなくても、ボランティアが一軒ずつ声をかけて泥出しをするなど、エリア対応・ローラー作戦と呼ばれる活動を行うこともあります。

　ただ、豪雨の際には土砂災害を伴うケースが多く、家屋の損壊や危険度などが異なり、生活課題も拡大するため、氾濫による水害だけの場合とは対応が異なってきます。また短時間に集中的な豪雨が降る災害、例えば平成25年8月の島根県浜田市の豪雨災害では、用水路などが溢れて低い地区の数軒が床上・床下浸水に見舞われるといった被害や、地盤が弱い箇所で土砂崩れが起こる被害が市内広域に多数点在するなど、広域の氾濫とは異なる対応が必要な状況でした。

　浸水被害の復旧期においても、多くのボランティアによる片付け作業は必要な支援の一つにすぎず、当初から個々の状況によって必要な支援の内容は異なっています。また、泥出しなどの作業後に生活を立て直していく過程では、さらに被災者ごとに個別化した支援が必要となります。

　このため、エリア対応・ローラー作戦などの対応をとる場合でも、個別状況を把握・記録し、その後の支援を想定しながら取り組んでいくことが大切です。

(3) 地震災害における災害VC対応

　一方、地震災害の場合は、本震のあとの大きな余震が落ち着くまで、支援活動は行わないことが通常です。

　例えば、2004（平成16）年新潟県中越地震で震度7を記録した川口町では、3週間あまり全戸避難勧告の状況が続き、避難勧告が解除されるまでの災害VCの活動は、避難所支援などに限って行われました。

　地震による家屋被害は水害以上に個別性が高く、また避難生活が長期化し復旧期間も長くなるケースが多いため、支援を要する生活課題はより多

岐にわたります。

　東日本大震災では、津波被害が加わったことで、被災規模の大きさに対応していくことはもちろん、水害時・地震時の支援の手法を組み合わせて活かしていく必要があり、さらに原発被害で多くの複合的な支援が求められる状況となりました。

（4）異なる被災状況にどう対応するか

　2008（平成20）年の岩手・宮城内陸地震で被災した栗原市社協では、被害は大きかったものの局地的で、継続していた救命活動の妨げになるなどの理由から、災害VCの名称を用いず支援を行いました。マニュアルや訓練で想定したものとは被害の様相が全く異なり、手探りの対応だったそうです。

　また災害VCの運営にあたっても住民参加は重要ですが、2014（平成26）年2月の群馬県前橋市の豪雪災害時には全市域が積雪したため、「地域から助け合いの担い手を引き抜いてはいけない」との考えから「前橋市大雪たすけあいセンター」（災害VC）の運営に、地縁組織や地域ボランティアによる協力はあえて控えたそうです（詳細は「実践事例編」82頁参照）。

　その時ごとに異なる被災という困難な状況下で、地域力・福祉力を取り戻し生活を再建することをめざして組織としていかにミッションを果たしていくか、その対応力が問われます。

災害VC
まめ知識①

ボランティア保険

◆ボランティア活動保険の「大規模災害特例」とは

災害VCが設置され、災害復旧対応のボランティア活動に緊急性がある場合、被災地の道府県社協から全社協へ要請し、それに基づいて大規模災害特例（以下、「特例」）が適用されます。特例が適用されると、保険に加入した直後から補償期間となります。

【加入申込】

通常のボランティア活動保険では、ボランティア自身が所属または居住する最寄りの社協で加入申込を行いますが、特例適用時には、被災地の社協（災害VC）での加入も可能になります。

【補償開始時期】

通常のボランティア活動保険では、加入申込手続が完了した日の翌日午前0時から補償が開始されます。しかし特例適用されていると、社協で加入申込手続きが完了した直後から補償期間となります。

一方、ボランティア自身が所属または居住する最寄りの社協で加入申込をすると、自宅と活動場所となる被災地までの往復途上が補償されます。被災地での保険加入は混雑することや被災地の社協に負担がかかることから、自宅等の最寄りの社協での加入をお願いしています。

◆WEBでのボランティア活動保険加入

全社協のボランティア活動保険は、WEBから加入することが可能です。被災地の災害VCが設置された時には「全社協 被災地支援・災害ボランティア情報」（https://www.saigaivc.com/）または、災害VCのFacebook等から保険加入サイトを通じて加入できます。ただしWEBによる保険加入は、災害VCの開設時のみに限ります（クレジットカード決済）。また、社協災害VCを経由した活動に限られます。

（参考）
「ふくしの保険」　https://www.fukushihoken.co.jp/fukushi/front/top.php
札幌市、宮城県（仙台市）、東京都、愛知県（名古屋市）、京都府（京都市）、大阪府（大阪市、堺市）、兵庫県（神戸市）の各都府県市は、引受保険会社が異なるため全社協のボランティア活動保険とは補償額等が異なります。

災害ボランティアセンター運営の
実際

災害ボランティアセンター運営の実際

1 災害VCの機能と運営体制

（1）3つの機能

　甚大な被害に見舞われた地域で、市町村合併によって自治体の規模が大きくなっている地域もあるなかで、被災した住民が暮らしを再建し地域を再生していくために、災害 VC はどのような体制で支援したらいいでしょうか。

　まず、災害 VC の機能を整理したいと思います。災害 VC の機能は、①被災した地域・住民の支援ニーズを把握すること、②ボランティアの活動を支援すること、③災害 VC 運営の基盤を整備すること、と大きく3つに分けて考えることができると思います。

①被災した地域・住民の支援ニーズの把握
- 避難所、在宅避難者を対象に、把握方法を計画化
- 自治会長や民生委員・児童委員、福祉委員など、地縁組織等を活かす
- 地元の社協職員など災害 VC スタッフや福祉的な専門家による把握
- 災害 VC 窓口への来所や電話等による相談対応
- 個別に声をあげにくいことが想定される場合、要望を話せる場づくり
- ニーズや活動状況の分析（被害の点在に留意して漏れがないようにする）
- 平時の地域、住民の状況を踏まえた支援方針や支援対象者・活動内容の優先づけ

など

②ボランティアの活動支援

- ・ボランティアの募集
- ・活動者情報の把握とボランティア活動保険加入の有無を確認（加入手続き）
- ・活動者へ地域・住民の情報提供と活動内容の紹介
- ・被災地域・住民へつなぐこと
- ・活動の安全・衛生面での配慮や救護対応
- ・活動資機材などの貸出
- ・活動先への送迎

など

③災害 VC 運営の基盤整備

- ・災害 VC 全体の運営計画
- ・スタッフ管理や組織運営
- ・被災した地域や住民、ボランティア、災害 VC に関する情報の収集と発信
- ・行政・諸機関との連携や調整
- ・他所の災害 VC との連携・調整
- ・マスコミ対応
- ・プロジェクト(ローラー作戦、子どもの居場所、引越し等)の実現化

など

（2）設置場所の条件

　災害 VC は被害の状況や被災地域の分散等によって拠点を複数もつ場合があります。災害 VC の設置場所の条件は、以下の事項が挙げられます。

- ・安全が確保でき、電気・水道などが使用できる建物であること
- ・センター機能を果たせる空間が確保できること
- ・被災した地域に近いこと
- ・行政の災害対策本部に近いこと
- ・公共交通機関や駐車場の利便性があること　など

これらの条件は必ずしも 1 か所で全てを満たす必要はありません。被災

した地域が広かったり複数の地域が被災したりしている場合は、本部機能をもつ災害VCのほかにサテライトを複数設置することがあります。また、サテライトが担当する地域が広い場合、さらに被災地域の中に資機材などを置いて活用する現地拠点を設ける場合もあります。

　このような場合、本部とサテライト、さらには現地拠点のそれぞれにどんな機能をもたせるかは、その時の地域や被害の状況によってさまざまです。

　甚大な被害によって既存の建物が活用できない場合、プレハブやコンテナ、テントなどを活用して災害VCを開設したケース、民間施設を借用したケースもあります。さまざまな条件を考え併せながら、目的を果たすためによりよい方法を柔軟に考えることが大切です。

（3）班編成は柔軟に対応できるように

　災害VCにはどのような班を編成するといいでしょうか。大規模な災害VCでは細かい機能ごとに班を分けて役割分担したほうが効率的な運営ができますが、小規模な災害VCで多くの班に分けようとすると、多くのスタッフが必要になります。場合によっては複数の機能を兼務することも考えられますので、地域状況や被害の状況などから、どれくらいのボランティア数を必要とし、そのためにどれだけの規模の災害VCを想定したらよいのか、設置の際に検討する必要があります。

　このように考えると、被災状況に合わせて、支援の体制・組織や拠点、空間などをどうデザインするかが重要だということが分かります。

　災害VCの体制を検討する際、事前に運営マニュアル等で災害VC内の班体制を記載したり、それに基づいて設置・運営を演習しておくことは、災害時に関わる人たちにとって具体的にイメージを共有するのに有効です。しかし一方で、実践的であるがゆえにイメージを固定化してしまう懸念もあるので、さまざまに想定をして柔軟に考えられるよう意識することが大切です。

（4）地元の人たちと協力した運営

　各地の災害 VC で話を聴くと、活動先への道案内、地域の事情を知っていることを活かした相談対応、そして被災した地域・住民とのつなぎ役など、地元の人たちの協力が重要であることを実感します。災害 VC の組織を考える時に、内部体制をどうするかだけでなく、地域との連携も含めた動きを考えましょう。

　被害が集中した地域では、地域で運営する「地区災害対策本部」を災害VC として支援する、という場合もあります。

　自治会長や民生委員・児童委員、福祉委員など地域の関係者が把握したニーズを地域内で集約し、その状況に応じて必要な人数のボランティアに対応してもらえるよう、災害 VC で活動紹介すること。泥出しや片づけなどが活動の多くを占める復旧初期から、住民の顔が見える範囲の地域において、個々の生活課題等への支援も併せて行うこと。これらは、これまでの被災地で行われた取り組みです。

　こうした支援を実際に災害時に行うためには、地域のつながりが必要で、日頃の取り組みがどれだけできているかが問われます。

令和元年東日本台風（台風19号）での災害VCのボランティア待機所
（栃木県那須烏山市）

2 フェーズに応じた支援を考える

（1）「虫の目」「鳥の目」でフェーズを見極める

　災害 VC の運営に一定期間関わっていると、地元の運営者から、「これからどんなことが起こり、どんな状況になると予測されるのか知りたい」と求められることがあります。被災後、地域や住民の状況は、時間の経過とともに刻々と変化していくので、前もって今後の見通しを立て、支援に必要な準備をしておくためです。

　このように災害時には、直面する事態に向き合って「虫の目」で住民や地域などをさまざまな角度から細やかに見ることが大切であると同時に、「鳥の目」で全体状況や動向の変化を見て現在のフェーズ（段階、局面）を見極め、判断をすることが重要です。

　ここでは、応急仮設住宅が建設されるなど規模が大きな災害を例にとって、災害発生の初期から、被災した地域・住民の状況と求められる支援を時系列で概観してみましょう。

①緊急対応期（救急救命期）：発生直後からおおむね３日間

【被災地域・住民】	○自分や家族、近隣での安否確認と避難等の安全確保が最優先 ○救出救護や消火活動などが行われ、避難所開設などにより避難生活が始まる
【支援】	○地域・住民の被災や支援を要する状況を確認し、緊急対応や災害 VC を含む支援体制を検討する ○災害 VC を開設する場合、拠点、運営人材、事務用品や資機材、運営費などを確保する ○自治体、地元の協力者、都道府県域の社協や NPO 間で協議を行い、運営体制・連携体制を検討する

②緊急救援・復旧期（災害 VC 活動期）：概ね発生３日後から１〜３か月

【被災地域・住民】	○生活再開のため、住まいや地域の生活空間の復旧など個別ニーズが高まり、避難所の環境改善や、食事・入浴・通院など生活ニーズが拡大 ○避難生活における健康状態悪化や、疲れやストレスによる住民間のトラブルなども発生 ○社会システムの機能不全が長引き避難生活が長期化するほど、学習支援や保育支援、ペットや家畜に関する支援ニーズなど、被災による新たな生活課題が多様化
【支援】	○地域で支え合う仕組みを活かして地元支援者と支援ニーズを把握し、ボランティアによる支援活動を行う ○生活再開のための支援を中心に、住民・地域が元の生活リズムを取り戻していけるようにする（元の住まいや避難所での生活支援、介護・医療的なニーズへのサポート、心身のケア、生きがいの確保、状況に応じてフリーマーケットなどのイベントやプログラムを実行するなど） ○生活空間やライフラインなど、地域社会の機能の復旧状況を見ながら、住民の主体的な取り組みに重点をおく ○復興支援体制への移行を検討 ○支援の漏れがないかを確認し、支援活動を行った世帯の再訪問やローラー作戦などを行い、今後の取り組みにつなげる

③復興期（生活再建期）：１～３か月から数年

【被災地域・住民】	○元の住まい、応急仮設住宅、公営住宅などへ生活拠点が移行し、生活再建のための課題が個別化 ○公的施設、教育機関、商店の再開など地域の機能が改善・回復し、公的福祉サービスなども再開 ○地域の交流や問題解決につながる取り組みが必要とされる（コミュニティーの形成やサロン・訪問活動、見守りや介護予防・健康維持を目的とした活動、住民参加型の生活支援サービス・活動、市民による復興会議など） ○にぎわいづくりなど地域経済活性化の取り組みがなされる
【支援】	○災害 VC から移行した復興支援センターなどで、生活支援相談員の配置などを検討し、生活支援の体制をつくる ○生活支援ニーズを把握し、要配慮者の見守りや支え合いなど住民主体の活動を推進して、コミュニティーの再生・再構築を図る ○被災前からの地域体制や取り組みを活かし、併せて被災後にできたボランティア・市民活動を促進する

（2）被災者のペースに合わせた支援を

　その地域で被災した住民は、誰もが同じように元の暮らしを取り戻せるでしょうか？

　東日本大震災では、大規模な浸水被害を受けた地域で、住宅の土台をかさ上げしていたことで浸水を免れた人、震災被害の大きい地区で建物の構造や向きが幸いして家屋被害が軽微で済んだ人が、生活空間を確保する段階が早く終わることがありました。

　逆に高齢者世帯が、経済的な問題や今後の暮らしの見通しを立てる判断がつかず周囲から取り残されたりすることは、多くの被災地で見られます。

　暮らしを再建するスピードが速くても遅くても、被災者は個別に課題を抱えるので、被災した住民それぞれのペースに合わせた支援を考える必要

があります。また生活再建の進み方が異なることなどにより、住民間・地域間で、温度差・分断が生じやすくもなります。住民個々に向ける視点と地域全体に向ける視点など、ミクロとマクロの両方を意識しながら臨むことが大切です。

　災害時には課題が顕在化しやすく、また状況が刻々と変化するので、こうした視点をもつことがより求められますが、実際には日頃の個別支援や地域支援で求められていることと同様のことであるように思えます。

2007（平成19）年能登半島地震での仮設住宅への引越しのようす
（石川県輪島市）

3　連携・協働の基本姿勢

（1）課題解決には多様な主体の参画が必要

　災害VCの運営において、連携・協働が重要だと言われます。これは、対応に急を要するものが平時より格段に量が増えるうえに、地域や住民が通常の生活を取り戻していくための課題が衣食住などに限らず広範にわたることなどにより、多様な主体が関わらなければ支えきれないからです。

　社協が中核となって災害VCを開設する場合、多様な関係組織や機関の協議体として、その役割の発揮が期待されますが、果たしてそのように機能しているでしょうか？

　各地の災害VCの運営に関わると、次のような場面に遭遇することがあります。

──支援を模索するために他地域から災害VCを訪れたNPOなどが、被災した住民にどんなニーズがあるか、自分たちが何をすれば役立てるか教えてほしい、それが明確でないと支援ができないと災害VCのスタッフに意気込んで聞いている。一方、対応しているスタッフは、この現状においてNPOなどに対してどんなことができるのか明確にしてほしい、それが明確でないと協力を求められないと対応している──

　これは関係を築けない典型的な例です。

　災害VCは、項目化された「ボランティアニーズ」に限らず、NPOなどの支援につながりそうな地域や住民がおかれている状況、課題などを伝えることができると思います。支援を申し出る側は、現地の状況を予測しながら、日頃の事業・活動メニューやできる可能性があることを提示することができると思います。

　こうしたプロセスを経て、お互いに「知り合う・分かり合う」よう、努めることなくして手を携えることはできないでしょう。

（2）平時からのつながりが重要になる

　さまざまな組織・機関と連携する際には、それぞれの力をどう活かすかが大切です。日頃の事業・活動の専門性や得意分野はもちろんですが、人の動員などの組織力、ネットワーク力、事務能力や組織運営力、財力など、それぞれの強みを多面的に理解することが重要です。

　災害時の支援活動は、日頃の地域における支え合いをベースとして、自治会などの住民自治組織や地区社協、婦人会などの地縁組織や関係団体、また民生委員・児童委員、老人クラブ、障害者団体など地域内の支援者組織、企業や医療・福祉機関、多岐にわたる分野のボランティア、NPO、協同組合、大学、行政機関など、多くの主体が連携・協働して取り組むことが重要です。

　ただし、災害時につながり得る地域資源を洗い出すことはさほど難しくなくとも、平時からの関係づくりができていないとどうなるでしょうか。数年前に水害に見舞われたある市では「マニュアルは地元の諸機関と協働で災害 VC を開設するとしていたが、その時はただ夢中で、結局社協だけで運営していた」といった例もあります。

（3）「対等で主体的に関わる」協働体制をめざす

　こうしたことから近年は、地縁組織や地元の各種組織・機関などの間で、協定を結んだり連絡会議等のネットワーク組織を作ったりする取り組みを進める地域が増えてきています。その際、それぞれが「対等で主体的に関わる」協働体制となっているか、注意が必要です。

　「体制」はできているが形骸化して平時にも災害時にも機能しなかったり、場合によっては形骸化した既存の「体制」があることにより、必要な取り組みがしにくかったりする場面も見受けられます。

　マニュアルの作成などにとどまらず、平時から事業を共同で行ったり、それぞれの組織・機関の成り立ちや特性を理解し合ったり、災害時の役割を議論したりすることなどが必要です。想定外の事態が次々と起こる災害時にも、対等に協議して合意形成できるような関係づくりが必要だと思います。

（4）日頃から多様な組織・機関と協議を

　地域に根ざした事業や取り組みをしており、全国ネットワークを有する、青年会議所（JC）、ライオンズクラブ、ロータリークラブ、消費生活協同組合（生協）、農業協同組合（JA）などは、会員組織・事業領域・インフラなどの強みを活かし、多くの被災地域でさまざまな形の支援を行っています。

　またNPOやボランティア団体は、独自の活動を行うほか、災害VCに人材の派遣や資機材の提供を行っており、各地の被災状況・地域状況に合わせた取り組みを通して経験やノウハウの積み重ねがあります。

　市区町村社協や地域で活動するボランティア・NPOなどが、こうした全ての組織や機関、その構成員に精通することは現実的ではないかもしれません。しかし、機関や組織とつながっている人や組織（例えば都道府県・指定都市社協、中間支援組織、支援経験を重ねている人など）とつながりをもつことは可能です。また日頃から多様な組織・機関や人とつながり、協議する経験を積んでおくことが災害時にも力を発揮します。

　例えば、2014（平成26）年8月に起こった広島土砂災害では、士業連絡会のつながりなどを活かして、看護師、ケアマネジャー、社会福祉士などの専門職や大学生などのボランティアによる「被災者サポート班」が災害VC内に設置されました。被災者の個別ニーズを把握しサポートするため、戸別訪問や住民の交流の場となるサロン活動を行い、その結果は地域包括支援センターなど必要な支援機関に引き継がれました。

　被災した地域や住民の暮らしの再建に向けて、目的を共有し多様な主体の力を活かせれば、まだまだできることがありそうです。

4　継続性・客観的視点をもつ支援者の存在

（1）客観的な視点をもつ外部支援者の重要性

　水害を経験し災害 VC を運営したある町社協の職員に話を伺った際、「同じ時期に被災した他の地域と比べると被害が小さかったので、県社協の支援は 1 日だけしか受けずに町内で対応できた」と言っていました。しかし、他の災害 VC が県社協や外部の NPO など多くの団体の支援を受けたり資源を活用したこと、災害 VC 間で連携していたことを聴くうちに、外部の支援を受けていれば、住民のためにもっとできたことがあったと無念そうに振り返っていました。

　地元の人たちが主体性をもって取り組むことは何より大切ですが、運営に外部支援者が関わっていないと、災害時特有の事態が起こっても普段の関係性などから平常時と同様の対応をしてしまう場合があります。被害の規模の大小に関わりなく、外部の客観的な視点も重要なのです。

　他の被災地の経験などを活かし、連携・協働による支援やネットワークの構築を図る役割を担うのが運営支援者です。運営支援者は、被災地内外のさまざまな資源を活かしていくために、共感的に関わりながらも冷静に客観視する立場に身を置き継続性を持って災害 VC に関わります。こうした役割を担う運営支援者を災害 VC に位置づけることが重要であると考えます。

（2）災害ボランティア活動の環境整備を進める「支援Ｐ」

　1995（平成 7）年に発生した阪神・淡路大震災では、普段ボランティア活動に関わっていない市民が全国から被災地の支援に駆け付け、後に「ボランティア元年」と呼ばれるようになりました。これ以降、災害時に多くの市民がボランティア活動に参加するようになり、その力をよりよく活かせるよう、災害 VC の仕組みが作られていきました。

　そうしたなかで 2004（平成 16）年に新潟県中越地震が発生し、市町村と広域・県域合わせて 15 の災害 VC が開設、運営されました。この時

の災害ボランティア、市民活動支援に関する検証結果を踏まえ、災害ボランティア活動の環境整備をめざして生まれたのが「災害ボランティア活動支援プロジェクト会議（支援P）」です。

　支援Pは、企業、NPO、社協、共同募金会等により構成されたネットワーク組織で、災害時には災害ボランティア活動を支える、人材、資源・物資、資金を有効に活用するために広域的、即応的に被災地を支援し、平常時には、災害時の支援に関わる調査・研究、人材育成や啓発活動に取り組んでいます（詳細は48頁を参照）。

(3) 支援者間の連携を促進し、支援調整を行う「JVOAD」

　認定NPO法人全国災害ボランティア支援団体ネットワーク（JVOAD）は、東日本大震災で支援を行ったNPOなどから有志が集まり、円滑かつ効果的な連携・協働をめざして2016（平成28）年6月に設立されました。

　JVOADは、被災者支援の「もれ・むら」をなくし、地域ニーズに合った支援活動を促進することを使命の一つとしており、被災地域の関係者と協力してニーズや支援に関する情報を集約し、支援活動の調整機能としての役割を果たすため、被災県あるいは被災市町村で情報共有会議を実施しています。

　また、JVOAD内部に技術系（床下、屋根上、重機など）の専門委員会、避難生活改善に関する専門委員会、支援分野ごとの会議などを設け、災害VCでは対応が困難なニーズへの対応を進めています。

2015（平成27）年関東・東北豪雨では災害VCから被災地域へ
送迎バスが出た（茨城県常総市）

2011（平成23）年東日本大震災で河川敷を清掃するボランティア
（岩手県宮古市）

5　運営に必要な人材、資源・物資、資金等

（1）地元主体の災害 VC 運営

　災害 VC は「被災者中心」「地元主体」「協働」を基本に、多様な組織や団体が連携・協働して運営することが大切です。

　2018 年に発生した平成 30 年 7 月豪雨で甚大な被害に見舞われた東広島市では、約 2 か月、市社協として初めて災害 VC を開設・運営しました。この災害 VC の特徴は、多様な団体がその運営を担ったことです。

　民生委員児童委員協議会と地区社協はボランティア受付班、大学生と地元企業はマッチング班を担当しました。市内の社会福祉施設連絡協議会は車両資材班を担い、各社会福祉法人・福祉施設が保有する送迎用マイクロバス等を無償で貸し出しました。さらに、青年会議所と商工会議所青年部は、車両資材班の活動に必要な資機材の準備や調達、調整などを担いました。市地域在宅看護職の会、東広島地区医師会、訪問看護有志の会は救護班を担いました。

　このように地元の住民や企業、学生、専門職等が運営を担うことで、社協職員が災害 VC 業務から離れ、被災者ニーズを把握するアウトリーチが可能となり、効果的に被災者の支援活動を行うことができました。

（2）社協のネットワークによる応援派遣

　大規模災害に際しては、社協の全国ネットワークを活かした職員の応援派遣が行われます。

　2011（平成 23）年 3 月の東日本大震災では、被災地で立ち上がった災害 VC の多くを社協が中核となって担い、職員派遣が行われました。

　その後、全社協では、2013（平成 25）年に「社協における災害ボランティアセンター活動支援の基本的考え方―全国的な社協職員派遣の進め方―」を取りまとめ、現在、各ブロックからの社協職員の応援派遣は、この考え方にしたがって実施されています（2021〈令和 3〉年 5 月改定）。

　社協職員の応援派遣費用については長年懸案でしたが、2020（令和 2）

年の災害から、災害救助法が適用された災害時には人件費（超過勤務手当、臨時職員の雇用等）や旅費が、災害救助費負担金の国庫負担の対象となりました。

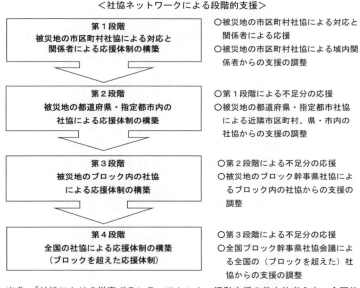

＜社協ネットワークによる段階的支援＞

第1段階 被災地の市区町村社協による対応と 関係者による応援体制の構築	○被災地の市区町村社協による対応と 　関係者による応援 ○被災地の市区町村社協による域内関 　係者からの支援の調整
第2段階 被災地の都道府県・指定都市内の 社協による応援体制の構築	○第1段階による不足分の応援 ○被災地の都道府県・指定都市社協 　による近隣市区町村、県・市内の 　社協からの支援の調整
第3段階 被災地のブロック内の社協 による応援体制の構築	○第2段階による不足分の応援 ○被災地のブロック幹事県社協によ 　るブロック内の社協からの支援の 　調整
第4段階 全国の社協による応援体制の構築 （ブロックを超えた応援体制）	○第3段階による不足分の応援 ○全国ブロック幹事県社協会議によ 　る全国の（ブロックを超えた）社 　協からの支援の調整

出典：「社協における災害ボランティアセンター活動支援の基本的考え方―全国的な社協職員派遣の進め方―」全国社会福祉協議会 地域福祉推進委員会、令和3年5月改定案

（3）災害VC運営に必要な資源・物資

　災害VCの設置・運営には、通信・IT機器を含む設備・備品の整備、ボランティア輸送等の車両、活動用の資機材、消耗品などが必要です。また、プレハブやコンテナ等の拠点スペースの設置が必要な場合もあります。

　これらを調達するには、①既存の資源を活用する、②災害対策本部へ協力依頼する、③他の被災地から貸与・提供を受ける、④地元の青年会議所（JC）や企業等に協力を依頼する、⑤共同募金の災害等準備金を活用し調達する、などの方法があります。

　各種資源・物資の提供については、人的資源を含み、行政や地元組織と

協定を結ぶ社協が増えています。なお、近年の大規模災害にあたっては、家屋内の土砂を取り除くために自治体が救助用等で購入した資機材等を災害 VC を通して貸し出ししたりできることが示されています。

≪参考≫

今次の災害においては、障害物の除去が広範囲に行われており、関係する事業者等が不足していることから、障害物の除去を実施するために、市町村が借り上げ、もしくは購入したシャベル等の器具、軽トラック等の障害物を搬送するための車両について、市町村の社会福祉協議会等を通じて、ボランティアに貸し出すことについては差し支えないものとする。

なお、障害物の除去の一環であることから、ボランティア支援を名目とした場合については、災害救助費の対象としないものであることに留意していただきたい。

（事務連絡「令和元年台風第 19 号に係る障害物の除去について」令和元年 10 月 18 日　内閣府政策統括官（防災担当）付参事官（被災者行政担当））

(4) 災害 VC 運営に必要な資金

災害 VC の設置・運営にはさまざまな費用が発生します。その費用を賄うための資金は大きく分けて「公的資金」「民間資金」の 2 つがあります。

公的資金は、自治体からの委託費、補助金などとして被災社協に支払われます。委託費については、自治体と災害支援に係る委託契約を締結することが必要です。補助金も同様に、自治体とあらかじめ協定等を締結しておくことが円滑な支給につながります。

民間資金は、共同募金配分金（災害等準備金）、自己財源、その他寄付金等が主なものです。このうち各都道府県の共同募金会では、毎年の募金額の 3 ％を災害等準備金として積み立て、災害時の支援に当てています。災害救助法が適用された被災地では、災害 VC の開設・運営にこの災害等準備金を活用できます。また災害等準備金は、概算払いにより災害 VC の

立ち上げ段階から活用することが可能です。

　公的資金・民間資金いずれを活用する場合にも、災害救助法適用など条件があるので、適用されない場合の災害 VC 運営資金などについて、行政機関との協議を含め、事前に検討しておくことが重要です。

2015（平成27）年関東・東北豪雨での資材貸出（茨城県常総市）

6　災害VCを開設しない規模の災害対応

（1）「災害の大小」を考える

　近年、大規模災害が頻発し、多くの人的被害・住家被害が出ています。しかし、「被災者」にとっては、災害の規模の大小が問題なのではなく、自ら負った被害が大きなダメージとなります。集中豪雨や竜巻などで被害が数件という災害では、災害救助法は適用されません。災害救助法の適用は、市町村の人口に応じた一定数以上の住家の被災がある場合や生命・身体への危害（おそれを含む）がある場合に限られるからです。

　ただし、災害VCの開設は、災害救助法が適用される大規模災害に限られるわけではありません。例えば、2020年に発生した令和2年7月豪雨では、全国の9県98市町村に災害救助法が適用されましたが、災害VCを設置した長崎県大村市には災害救助法は適用されていませんでした。

　同市社協では、7月11日のボランティア募集開始から26日まで、延べ約360人のボランティアが活動し、約20件のニーズに対応しました。「一人ではとても片付けきれない。片付けるよりも涙が先に出てくる」と、突然降りかかった災難に途方に暮れている被災女性の言葉が強く印象に残っています。この女性の家の片付けには、学校で取り組んでいるボランティア活動の時間を利用して高校生が参加していました。被災により希望や力を失った女性にとって、高校生の参加が力を取り戻すきっかけになったようでした。

　自然災害のほかにも、火災や断水など、住民の暮らしに困り事が生じるケースはさまざまにあります。こうした場合に、被害の大小に関わらず、まずは状況を確認し、各世帯や地域の助け合いで対応できるかアセスメントしたうえで、必要があれば災害VCを開設して地区外からの支援を得ることも重要なのです。

（2）通常のVCが対応した事例

　2019（令和元）年の台風15号・19号、10月25日からの大雨では、

各地に 104 か所の災害 VC が設置されました。これ以外にも、通常の VC を通じ被災者支援を行った社協が 18 か所に上ります。

　このうち宮城県登米市社協では、被害の大きかった市内 2 町の被害状況が明らかになるにつれ、災害ボランティア活動の実施を協議したそうです。ですが、2 町ともに被害が局所的であったこと、また市も災害対策本部を設置しないことから、全域的な災害 VC を設置せず、通常の VC で対応することにしました。ボランティアの募集は市内に限定し、近隣市町の行政や社協職員を合わせて総勢 724 人が 109 件のニーズに対応し、生活拠点の復旧活動を行いました。

　台風 19 号は東日本全域に被害をもたらしました。登米市社協は「より被害の大きかった被災地にたくさんのボランティアを」と判断し、社協が運営する通常の VC によって対応することを選択したそうです。

（3）災害救助法が適用されない場合の留意点

　第 5 節で述べた「災害救助費」を用いた自治体の災害支援、共同募金の「災害等準備金」の拠出は災害救助法の適用等が要件となっています。このため災害救助法が適用されていない場合には、その財源確保が課題になります。

　まず、自治体に働きかけ、補助金や委託費等の公費を求めることが考えられます。このため、平時から自治体と災害発生時の支援や役割について協議することと併せて、費用負担を明らかにした協定を締結し、備えておくことも重要です。ほかにも資機材の提供、歳末たすけあい募金など共同募金の中の地域財源の活用や、寄付の募集、災害に備えた自主財源の積み立てなどが考えられます。また近年は行政が補助金等をつけて災害ボランティアセンターを平時より常設する動きも出ています。災害に備えて平時からその準備を予算化し、人材養成や訓練などを事業化しやすいメリットがあります。

　いずれにしても、資金に限らず、さまざまなケースを想定して、事前に協議や準備をしておくことが重要です。

「災害ボランティア活動支援プロジェクト会議（支援P）」

◆災害VCの「人」「もの」「資金」「IT（情報技術）」を支援

　「災害ボランティア活動支援プロジェクト会議」（支援P）は、被災地主体のボランティア活動に寄与するため、2004（平成16）年の新潟県中越地震の検証を契機に、2005（平成17）年1月に中央共同募金会に設置されました。企業、NPO、社協、共同募金会等が協働し、災害ボランティア活動のより円滑な支援の実現に向け、人材、資源・物資、資金の有効活用を促す仕組みづくりなど、災害ボランティア活動の環境整備をめざしています。主に社協が設置する災害VCによる活動を通じて支援しますが、発災時には「人」「もの」「資金」、「IT（情報技術）」による支援を行っています。

①人の支援
～地元スタッフに寄り添い、豊富な経験を活かして支援する「運営支援者」

　災害VCの運営に大きな負荷がかかる地元の運営者を支えるため、支援Pでは運営支援者を派遣しています。運営支援者は災害時の支援経験や広い視野を活かして地元スタッフに寄り添い、必要に応じて情報提供や助言・提案をします。

②「もの」の支援
～ネットワークを活かした活動資機材・物資の提供

　災害VCの運営に必要な備品や資機材、ボランティア活動に必要な資機材を迅速に提供しています。日本経済団体連合会（1％クラブ）や個別企業との連携により、企業からの寄付を募って実施します。

　また、企業の協力により、被災された方を訪問する際にコミュニケーションのきっかけとして活用し届ける「うるうるパック」※の提供も行っています。

　　※支援Pが企業と協力して行う被災地に対する救援物資支援の一つ。支援物資をいったん県外で集約し、各世帯に配付できるように袋詰めして、災害VCを通じて届ける。被災者の方がたとのコミュニケーションの円滑剤にもなっている。

③資金の支援
～災害等準備金の活用方法のアドバイスと復興プロジェクト助成等の実施

　支援Ｐは、共同募金会の「災害等準備金」の活用促進を行っています。
　また経団連を通じ、1％クラブ会員企業に呼びかけ、災害 VC 支援（運営支援者経費等）、中長期的な被災地主体の復興プロジェクト経費等への助成のため、企業の寄付や社員募金を受け入れています。

④情報の支援
～ IT に長けた運営支援者が情報整理・発信を支援

　被災した地域や住民、支援の状況などを、迅速かつ的確に情報発信するために IT 支援者を派遣したり、遠隔から支援します。

日常からの地域づくり、
ネットワークづくりの必要性

日常からの地域づくり、ネットワークづくりの必要性

1 災害にも強い地域づくりのために

（1）被災体験、支援経験を次に活かす

　過去に2度の大きな豪雨災害に見舞われたある市の町内会は、2013（平成25）年夏に大型の台風が接近するという報を受けて話し合いを行いました。過去2回の豪雨時に、どこにどのように避難し、大丈夫だったのか。近所のどこの家で過ごすのが安全で、一緒に集まることができるのは何軒ありどの人なのか、どのように安否確認をして町内会長へ報告するのか。こうした被災経験を踏まえた確認がなされ、心強い思いをしたそうです。

　被災した地域の当事者、そして支援者の多くが口にするのは、日頃のつながりが重要だということです。日頃のつながりが進んでいれば、被災しても1人でも多く助かることに、そしてより良い支援につながります。

　被災当事者は、その経験を踏まえて復旧・復興の過程で被災後の地域づくりに力を入れ、支援者は「他人事ではない」と被災地との関わりで感じたことを自分の地元にもち帰り、取り組みにつなげていくことが大切です。

（2）重要な日頃からのつながり

①基盤となる「地域の支え合い」

　被災した状況下で営まれる「地域の支え合い」を、地域を越えて支える取り組みが災害時のボランティア活動の一つの役割ですが、この地域の支え合いがいかに機能させるかが、発災直後から復興期に向けて重要になります。安否確認や生活再建に向けた課題把握・解決など、日頃の地域のつながりや地域体制を活かして、要配慮者を含めた地域に暮らす住民が互いに声をかけ合うなどして支えられるのかがポイントとなります。

　これにより、地域だけでは手に負えない状況、外部の力も借りた方がい

い状況の時に、地域外のボランティアなどの力をより良い形で活かせます。

　災害時に支え合いが機能するためには、災害時の備えを目的としていなくとも、各地域の状況に合わせて地域住民のつながりが築かれていることが重要です。

②人材の育成

　災害時に住民や地域のボランティアとともに地域支援・住民支援や災害VC の運営を行うためには、災害時の支援の進め方について共通認識をもっておくことが重要です。

　地域には地縁組織の役員、民生委員・児童委員や、NPO 等の諸団体、ボランティア、学生などの支援者・組織がいます。こうした人が状況によって支援者ではなく、支援を受ける被災者に立場が変わることも想定しながら、研修会や訓練などを通じて共通認識をもつ機会を設けていくことが重要です。また、研修会などの場に限らず、事業や地域運営のさまざまな取り組みの中で人的なつながりや関係性を育てていくことも意識していきましょう。

③関係者のネットワークづくり

　被災した住民の暮らしを総合的に支えていくために、多様なセクター、多様な分野の人や団体が連携・協働することが重要です。しかし、仮に災害対応マニュアルなどに多様な協働の記載をしていたとしても、日頃の交流がなく、担当者や組織の考え方、事情などを知らずに、いざ災害が起こったときにだけ共に取り組もうとしてもうまく機能しません。

　平時に情報交換することはもちろん、共同で事業に取り組んだりすることを通じて、それぞれの組織の考え方や活動の内容を知り合うなど、さまざまな関わりをつくることが大切です。

（3）災害対応の経験から平時の見直しを

　2007（平成 19）年に発生した新潟県中越沖地震の支援に携わった広島県社協の職員は、地元が被災した場合の対応に強い危機感を抱き、県域と

市町域で「被災者生活サポートボラネット事業」に取り組み始めました。災害時のボランティアによる支援は住民の生活を支えるものである、と明確に打ち出し、「関係づくり」（関係者による推進会議を開催し顔の見える関係づくりを進める）、「ルールづくり」（議論を重ねて役割と動きをマニュアルで共有）、「ヒトづくり」（研修会等による人材育成）、「情報づくり」（災害時を意識し平時から減災の取り組みについて情報を受・発信）、「拠点づくり」（社協VC機能を強化し災害対応を組織的に位置づけ）の5本柱で、セーフティーネットが機能するように取り組んでいます（詳細は「実践事例編」64頁参照）。

　地域における取り組みは、被災や災害対応の経験による学びから平時の取り組みを見直し、一つずつ進めていくことが、減災につながり、より良い地域の在り方につながっていくのではないでしょうか。

2015（平成27）年関東・東北豪雨での災害VCで慌ただしく
活動するスタッフ（茨城県常総市）

2　社協の広域ネットワークの役割と必要性

（1）東日本大震災時の被災地派遣

　2011（平成23）年3月の東日本大震災に際しては、被災地で立ち上がった災害VCの多くを社協が中核となって担い、社協の全国的なネットワークを活かした職員派遣と、NPO等の関係者との連携・協働による支援活動が展開されました。その際、社協による職員派遣が初めて全国規模で実施され、災害ボランティア活動を通じた被災者支援や被災した社協の復旧・復興支援等に大きな成果をあげました。

　しかしその一方で、全国からの職員派遣の期間は約6か月間にわたる大規模かつ長期的なものとなりました。また、被災地社協への支援の在り方を含めて、今後の社協職員派遣の在り方について課題が指摘されました。

　このため全社協では、アンケート調査や意見交換会、委員会での議論を踏まえ、「社協における災害VC活動支援の基本的考え方 ―全国的な社協職員派遣の進め方―（全国社会福祉協議会 地域福祉推進委員会 2013〈平成25〉年3月25日、2021〈令和3〉年5月改定）を取りまとめました。

（2）災害時における都道府県社協の役割

　災害時、市区町村社協を支援する都道府県・指定都市社協の役割は重要です。被災者生活サポートボラネットの取り組みなど災害を意識した取り組みを行っている広島県社協の担当者は、「発災時、被災した市町社協を支援すること、そしてその支援を県全体の動きにつないでいくことが県社協の役割」だと語ります。さらに、「災害時には県社協職員が現地に足を運び、住民や地元社協、支援関係者などの状況を確認すること、そして把握した状況から支援がどのくらい必要かを見立てて、県社協本部に速やかにフィードバックすることが重要」と指摘しました。

　県社協本部では、被災地域との直接のやりとりと報告に基づき、同時進行での後方支援の体制整備、なかでも人材や資機材のコーディネート、そして情報の整理と発信を先回りして重点的に進めることが求められます。

(3) 被災地の全体像を俯瞰する

　広島県で 2010（平成 22）年に発災した 7・16 庄原ゲリラ豪雨では、広島県被災者生活サポートボラネットで関わりのできた市町社協と県社協の職員が支援にあたり、被災した現場で、地元のボランティアや社協職員とともに作業しました。地元社協職員を被災地域に配置した現地のコーディネートに、日頃からの取り組みによる住民とのつながりの強さを感じたといいます。

　一方で各現場に配置された一人ひとりの職員に、大きな負担がかかったのではないかと考えられます。「発災直後、県社協などの支援者が、地元職員と一緒に現地で作業することは良いと思います。むしろ一緒に汗をかきながらでないと伝わりにくいこともあります。しかし、こうした作業中心の支援だけでなく、地元社協のニーズに対応した幅の広い視点から運営支援ができれば、もう少し地元の力になれたのではないかと思います」と後日、担当者は話しました。被災地の全体像を見る役割を担うことができなかったため、外部の支援をうまくつなぐことができなかったと課題が残りました。

　それでも被災者生活サポートボラネット事業を通じて、市町域のネットワークに県社協が関わり、併せて県域で取り組むことで、市町社協間で気にかけ合い、災害時に協力する機運が高まったのは大きな成果といえるでしょう。

(4) 外部支援者の力を被災地に活かす

　2014（平成 26）年に発災した広島土砂災害の支援では、政令指定都市の被災にあって広島市社協と県社協が一緒に本部を立ち上げました。「被災地域、県内の社協や NPO など、関係するキーパーソンが互いを知っていたという点は良かったです。また、県社協に入る情報量が非常に多く、きちんと整理しながら取り組むことの重要性を改めて感じました」と県社協担当者は振り返りました。

　同時多発的に被災した場合には、より高い情報整理力、発信力が必要になります。併せて外部支援者の力をしっかり被災者支援に活かすことが大

事になります。ですが、県社協担当者は、外部支援者を現地につなぐことはできたものの、その力を地元の関係者とともに取り組む有効な力にうまく変えらなかったと反省しています。外部支援者との連携や支援体制づくりは、各地で発生する災害に対応するための重要な課題です。

（5）平時からのネットワークの必要性

　平時からのネットワークづくりで大切なのは、災害に特化した取り組みにしないこと、災害を特別視することを避け、日頃の見守りや小地域での生活支援の活動などと災害時の活動とを連動した取り組みとすることです。

　ただし、災害時の状況を考えて対応を検討していないと災害時にとっさに動けないので、防災・減災を意識しておくことは重要です。また住民や地域が多様な課題を抱えるなかで、近隣やボランティアでできることの限界を感じることもしばしばあります。社協に限らず、住民、NPOなども、自分たちで解決できなかったら専門職や専門機関、福祉に限らず必要とされる技術をもった人たちと協力するなど、多くのネットワークやチャンネルを活用することも重要です。

2014（平成26）年豪雪で雪かきをするボランティア
（山梨県甲府市）

3 コロナ禍における災害ボランティア支援

（1）限定されるボランティア募集の範囲

　2020（令和2）年、新型コロナウイルスによる感染症は世界的に猛威を振るい、わが国では、同年4月7日、緊急事態宣言が発せられました。5月25日に解除されたものの、その後も影響が続きました。

　そのさなか、九州地方を中心に令和2年7月豪雨と呼ばれる災害が発生。全国で9県98市町村に災害救助法が適用され、人的被害および住家被害は全国35府県に及びました。災害VCは7県28市町村に設置され、12月末までに約4万7000人を超えるボランティアが活動しました。

　最も大きな被害を受けた熊本県の知事が「多くのボランティアの力が必要だが、感染が拡大している地域からの受け入れに不安を感じている県民の気持ちを大切にし、まずは、県民の協力をお願いしたい。」と表明するなど、コロナ禍におけるこの災害では、いずれの災害VCも、ボランティアの募集範囲は、県内あるいは市町村内に限定されることになりました※。

　感染防止のために「密」を避ける必要があることから、通常の半数に募集人数を留める災害VCもあり、なかなか届かないボランティアの支援に対して、支援を求める被災者の声が各地で上がりました。その一方で、感染拡大に不安を抱く声もありました。

※熊本県人吉市の災害VCでは、10月27日より、ボランティアの募集範囲を九州に拡大しました。

（2）被災地域の住民の意見を踏まえた判断が重要

　ボランティアの募集範囲について、県内に限定するのか、県外にまで広げるのかは難しい課題です。全社協では、「新型コロナウイルス感染が懸念される状況における災害ボランティアセンターの設置・運営等について～全社協VCの考え方～」（2020〈令和2〉年6月1日公表／7月9日更新）を公表しました。

　ここでは、「ボランティアの募集範囲は、政府の基本的対処方針の考え

方等のもと、被災地域の住民等の意見・意向等を踏まえ、行政（都道府県含む）と協議し判断する」としています。

　コロナ禍でボランティアの募集範囲が限定されたことと並んで、災害VCの運営者も県外からの支援が困難になりました。このため社協による応援職員の派遣は、同一県内を中心に行わざるを得なくなりました。

　令和2年7月豪雨で最も被害の大きかった熊本県では、被災直後から被災した市町村の災害VCに多くの職員が派遣されました。九州ブロック、あるいは中国・四国ブロックからの職員派遣は、全社協による「社協職員の被災地応援派遣における新型コロナウイルス感染予防対策ガイドライン【第1版】」（2020〈令和2〉年7月17日）に沿って行われました。ただ、外部支援の受け入れに否定的な市町村もあったため、限定的な派遣となりました。外部支援に頼らない災害VCでは、市内の関係者や団体、企業、大学等に幅広く運営協力を求めたということです。

（3）感染拡大防止策を講じ、安心を届ける取り組み

　災害VCでは、ボランティア参加者に事前の体調管理をしっかり行うことを周知するとともに、手洗いや消毒などの徹底、受付で検温を行うほか、現場で活動するボランティアの人数を通常の半分ほどにするなど、さまざまな工夫を施したうえで運営およびボランティア活動が行われました。また、当日不特定多数のボランティアが訪れることがないよう、事前の受付をWEBで行ったり、オリエンテーションビデオをオンラインで配信するなど、新たな取り組みが広がりました。

　全社協では、「新型コロナウイルスの状況下における衛生に配慮した災害ボランティアセンター運営上の留意点【第1版】」（2020〈令和2〉年7月15日）、「災害ボランティアの皆さんへ〜活動にあたっての衛生配慮にかかわるガイドライン〜【第1版】」（2020〈令和2〉年7月15日）を公表していますので、参考にしてください。

（4）地域の関係者とともに運営する災害VCの重要性

　災害の多発、大規模化、被害範囲の広域化などの傾向がみられる近年、

社協による応援派遣も頻度が高くなっています。また、南海トラフ地震、首都直下型地震などの大規模災害の発生時は、広域に被害が及ぶことや交通網が大きな被害を受けることなども考えられることから、被災地域に外部から支援に向かうことが困難になることが想定されます。

　コロナ禍において、災害 VC はどのように運営されたのか検証しつつ、災害 VC の運営を、社協職員だけでなく地域の多様な人材（地域住民、自治会・町内会、ボランティア、NPO、民生委員・児童委員、JC、生協、企業、学生等）とともにどのように行っていくか考える必要があります。併せて、これまでのように大人数の社協職員を被災地に送り、支援するブロック派遣の在り方についても再検討が必要になってきています。

(5) コロナ禍における支援展開

　コロナ禍の支援においても、まず重要なのは、被災地の地域性、地域事情などを踏まえ、被災によりどのような困難が生じ、どのような支援が必要なのか、確認することです。

　そのうえで、熱中症対策など他の課題対応と合わせて、新型コロナウイルス感染症拡大状況や行政方針、被災地域・住民の意見や社会情勢を踏まえ、どのように支援を行うことができるか、判断することが重要です。

　支援においては、WEB でのみボランティア受付を行うことにより、インターネットに慣れない高齢者がボランティア参加しにくくなるなど、地元を中心とした支援を妨げることがないよう配慮することや、「密」を避けるためにボランティア募集に制約を設けざるを得ない場合でも、支援を縮小しないために、拠点数を増やす工夫をするなど、検討を要することは多々あります。

　誰のため、何のために何をめざして支援するのか。役割を踏まえつつ、できることを考えていきましょう。

災害VC
まめ知識❸

共同募金会「災害等準備金」とは？

◆災害VCの運営資金

　共同募金会「災害等準備金」は、被災地でのボランティア活動を支援するための民間資金です。毎年、共同募金の3％を災害等準備金として積み立て、災害時に助成が行われます。阪神・淡路大震災の教訓から、1998（平成10）年に中央共同募金会が支援資金制度を創設し、2000（平成12）年に社会福祉法で法定化されました。

　災害VCは、地域防災計画への位置づけが進むなど、公費による支援充実が求められています。一方、自治体の協力要請により活動するほか、自らの判断に基づいて行動することもあり、これにかかる費用や公費支援の対象とならない細かなニーズへの対応も多く生じることから、災害等準備金の重要性は高くなっています。

◆大規模災害時は全国の共同募金会で支援

　共同募金は都道府県の区域を単位に行われていますが、大規模な災害が発生し、被災した都道府県のみで災害等準備金の対応を行うことができない場合、全国の共同募金会が拠出し合い被災地を支援しています。

◆概算払いにより素早く支援

　災害等準備金は、概算払いにより災害VCの立ち上げ段階から資金支援を行うことが可能です。また助成対象期間は6か月間と、緊急的な時期から生活復旧までの中長期的な支援活動に対して助成が可能です（災害の状況に応じて対象期間が拡大される場合があります）。

◆災害等準備金の助成対象、対象経費、助成金額
①助成対象（活動拠点事務所の場合）

　被災地域に設置された災害VC（被災地の災害対策本部と連携して運営されるもの）
②対象経費

　災害VC運営に関わる備品や機材、機器の購入または借り上げ、消耗品、光熱水費、電話・ファクス、印刷等の経費、事務所借り上げ費用等

◆助成金額

　助成基準額300万円（複数回の申請が可能）
　【参考】中央共同募金会ホームページ　https://www.akaihane.or.jp/

災害時の「情報共有会議」

◆支援のムラを防ぎ、支援者の力を活かすための工夫

　被災地外から支援に訪れた団体等の多くは、それぞれが被災地で情報収集をしながら支援活動を行いますが、活動に必要な被災者のニーズ、他の団体などの活動情報を入手する術をもっていない場合も多くあります。また、被災地の団体であっても平時からつながりが十分あるわけではありません。そのため、支援を必要としている人とつながらなかったり、地域間で支援のムラが生じてしまうことがあります。

　そこで、被災地の状況をよく知る行政や社協、地元の団体などと外部からの支援者をつなぎ、ニーズと支援のミスマッチや支援のムラを減らすことを目的とした「情報共有会議」が開催されるようになっています。

◆２つの種類の「情報共有会議」

　情報共有会議は、大きく２つに分けられます。一つは、広域を対象として、被災地の情報を持つ行政、社協、NPOなどと被災地の外から支援活動に訪れる多くのNPO等が集まり、それぞれの情報を交換する場となる情報共有会議です。この会議では、行政や社協が被害の状況や現地で行われている支援活動、必要とされる支援の内容や量などの情報を提供します。NPO等は、自らの団体が提供できる支援の内容や量などを共有するとともに、どこで、どのような活動を展開していくかを判断し、カウンターパートとなる組織などとの連携をはかります。また、活動内容が近い団体間で、支援のムラが生じないように調整を行うこともあります。こうした情報共有会議は、主に、平時から都道府県域など広域でNPOの支援活動を実施している中間支援団体（NPOセンター等）がJVOADとともに設定することが増えています。

　もう一つは、被災者・被災地支援で課題となっている具体的な事項について、課題解決を主な内容として開催される情報共有会議です。この情報共有会議（「コア会議」と呼称されることもある）では、具体的な対応が必要となっている課題の解決（例えば、在宅避難者の所在やニーズ情報の共有方法、ボランティアと重機を使ったNPOの連携による災害廃棄物除去の調整、必要な資機材の確保と配置など）や復旧期から生活再建期への移行の時期とそれに合わせた行政、社協、NPO等の活動の調整などをテーマとして開催されます。

　最近では、広域だけでなく、市区町村域においても多数の支援団体等が集まる情報共有会議が開催されるようになってきています。

実践事例編

（1）災害時の支援者の連携に課題を感じ、日常のネットワークを構築

　広島県社協では、「広島県被災者生活サポートボラネット」（以下、ボラ
ネット）を立ち上げ推進してきました。ボラネットは、災害時の「共助」（被
災者生活サポートボランティア活動）を進めるために協働するネットワー
クです。全国的には、災害ボランティア活動という名称が使われています
が、被災者の生活支援を第一に考え、「生活をサポートする」という幅広
い視点にたち、広島県では「被災者生活サポートボランティア活動」と呼
んでいます。

　この取り組みは、広島県社協の担当者が 2004（平成 16）年に新潟県
中越地震や 2007（平成 19）年の新潟県中越沖地震の際に災害 VC の支
援に当たったことがきっかけになりました。この時、災害 VC を運営する
地元社協、応援社協、ボランティア、NPO、行政等の人たちとの関係づ
くりが支援時の短い時間ではできずに情報不足となり、思うような活動が
できませんでした。この経験から、関係者が被災地で初めてつながるので
はなく、日頃からつながっておく必要があると強く感じたそうです。

　日頃からの取り組みにつなげていくため広島県社協では、①県域、②市
町域、③小・中学校区域の 3 圏域を意識して展開モデルをつくり、県域そ
して市町域に取り組みを広げていきました。また、事業の柱を「つながり」
をつくるために必要な 5 つに設定しました。県域では、①被災者生活サポー
トの視点をもつボランティアコーディネーターの養成（ヒトづくり）、②
ボラネット推進マニュアルの策定（ルールづくり）、③ブログで取り組み
の情報を発信、ボラネットメンバーをメーリングリスト化し、災害時に備
える（情報づくり）、④日頃から関係者が協働できる関係づくり、⑤平時
の社協 VC の機能強化により災害でも役に立つ（拠点づくり）等の取り組
みを意識して進めていきました。

　市町域では、価値観を共有しているキーパーソンがいる地域、被災経験
のある地域等から取り組みを始め、県域と同様に 5 本柱を中心にして各地

域に合わせた形にしています。当初はモデル事業でスタートしましたが、全国で大規模災害が続いていたため、全市町域での展開に切り替えました。2019（平成31）年度末までに広島市を除く22市町のうち18市町で取り組んでいます。

　こうした取り組みが県にも認められ、広島県地域防災計画に災害VCが「被災者生活サポートボランティアセンター」の名称で位置付けられています。県社協担当者は、「行政と一緒に動く必要性を被災地支援で感じ、結果的に市町の地域防災計画に反映されることも期待しながら県行政へ働きかけてきました。多くの人を巻き込んでいくときに、地域防災計画にボラネットが位置付けられていれば動きやすいです」とその意義を強調します。

（2）関わった人のつながりができ、取り組みの必要性を共有

　広島県内の社協では、東日本大震災発災後、宮城県岩沼市への中国ブロック派遣に加えて、①岩沼市へ社協職員1名を派遣、②岩沼市へ「ひろしまボラネット応援隊」というボランティアバスを運行、③宮城県社協へ県社協職員を継続的に派遣、といった支援をしてきました。その際のポイントは、ボラネットとして、被災地のニーズに合った専門職を送り出したことだったといいます。

　県ボラネット事務局では、状況に合わせて臨機応変に体制を組むことができ、情報も一元化して支援者が交代しても派遣調整や活動のコーディネートを順に回せるような仕組みができたといいます。併せて、県域の後方支援の重要性を考え、宮城県社協を支援することを大事にしました。

　こうした取り組みにより、ボラネットの取り組みを続けてきて関係者の動きや意識等が変わりました。特に、県域・市町域で研修会等を行うことで関係者を把握し、取り組みを通じてつながりができたことが大きかったようです。

取り組みの必要性を共有するメンバーが増え、研修を開催する時も、待っていたように「協力しますよ！」という返事があるなど、関係者が積極的に協力する体制ができていきました。また、支援の経験は人材育成につながっており、2010（平成22）年に発災した7・16庄原ゲリラ豪雨、2013（平成25）年7月の山口・島根豪雨、2014（平成26）年広島土砂災害にもボラネットで関わったメンバーが支援に駆け付けてくれました。

　被災地に入る前には支援者全員が県社協に集まって情報共有し、一緒に現地に入るようにしており、「事前に顔合わせをする大切さは県内市町社協の先輩から教わり、自分自身が大切にしていること」と担当者は語ります。

　県内外での支援時には連携した派遣体制が組めるようになっており、どのような支援をしたのか報告され、例えば県内2地域に派遣をしていても、双方の派遣者がそれぞれの状況を共有できる状態になってきました。

　担当者は、「住民の協力を重点的に仰いでいきたいです。『災害時に協力してください』と言うだけでは弱い。住民のニーズに市町と県域の関係者が一緒にアプローチし、災害時にも活かせるように日頃の小地域での取り組みを進めていきたいと考えています。」と語っています。

② 滋賀県高島市社会福祉協議会

2013 年台風 18 号の災害対応を支えた取り組み

　2005（平成 17）年、滋賀県高島郡 5 町 1 村が合併して現在の高島市が誕生しました。

　2013（平成 25）年 9 月の台風 18 号では、9 月 16 日午前 3 時と午前 4 時 5 分に市内の 4 圏域（旧町村域）に避難勧告が発令されました。それから間もない午前 5 時頃、市内を流れる鴨川の堤防が決壊。浸水被害は広域で発生し、床上浸水 109 世帯（このうち約 90％が旧高島地域に集中）、山間部では土砂災害も各所で発生しました。

　高島市社協では、発災 2 日後の 9 月 18 日に災害 VC を設置し、ボランティアを募集すると同時に活動を開始しました。また、被害の大きい旧高島町南鴨地区と、距離の離れた朽木地域の 2 か所にサテライトを設けました。

（1）地域の防災ネットワークづくりから、ネットワークによる地域防災力向上への深化

被災地で感じた「地元のネットワーク」の必要性

　高島市では、1953（昭和 28）年に台風による大雨で大水害が発生し、多くの人たちが亡くなりました。それ以来、今回の災害まで約 60 年間、大きな災害は発生しませんでした。

　一方、2004（平成 16）年に発災した新潟県中越地震を受けて、近畿ブロック府県社協による被災地支援に職員が派遣されました。高島市社協の職員は新潟県川口町（当時）に支援に入り、被災による被害の状況と災害時のボランティア活動を間近に体験していました。

　また、2007（平成 19）年 3 月に発災した能登半島地震では、石川県穴水町の支援に入りました。能登半島地震の被災地は広域で、地域外から駆けつけたボランティアは他市の支援に入り、穴水町は外部からの支援者が

少ない状況でした。そのため穴水町では、社協と平時からつながっている民生委員・児童委員、ボランティア、住民組織や福祉団体等が駆けつけ支援を行いました。

　高島市社協の職員はこの光景を間近に見ながら、地元主体による防災の取り組みを進めるためには、地域のネットワークづくりが大事だと感じました。

防災に熱意ある住民参加の仕組みづくり

　2007年9月、社協も参画し、高島市災害ボランティア活動連絡協議会（「災ボラ連協」）設置準備が開始されました。設立にあたって工夫したのは、各団体の代表とともに防災への思いをもった有志個人も参加できる組織づくりでした。こころざしのある人たちが参加して熱い議論を重ね、ネットワークが形成されていきました。

　2009（平成21）年からは、災害ボランティアリーダー養成塾を開始し、「災害ボランティア活動とは何か」「地元がどういう役割を果たしていくのか」など、ワークショップ等が重ねられていきました。災害VC立ち上げ訓練なども行うなかで、災ボラ連協に参加する住民が主体的に地域の防災を考える機会となっていきました。

地域防災力向上を目指して

　2011（平成23）年の東日本大震災をきっかけに、災ボラ連協の取り組みはさらに地域へと広がりました。当時、誰からともなく災ボラ連協のメンバーが集まり、「自分たちに何ができるのか」と話し合いが行われました。その後に開催された災ボラ連協の会議では、「地域防災力を向上するために、住民の意識向上や自治会の組織体制強化が必要だ」といった意見が出されました。災ボラ連協に参加するメンバーの一人ひとりが、「地域防災力の向上が自分たちの使命である」と明確に意識するようになったのです。

その後、災ボラ連協のメンバーが進行役を担い、市内で小学校区を単位とする出前防災講座が開始されました。

(2) 地域との日常のつながりが、災害 VC の取り組みにつながる

災ボラ連協メンバーが主体的に活動

　高島市社協では、2013 年台風 18 号発災 2 日後の 9 月 18 日に災害 VC を設置し、ボランティア募集と活動を開始しました。また、災ボラ連協は発災当日の 16 日には緊急会議を開くとともに、災害 VC 運営に、メンバーが主体的・継続的に関わることになりました。

　災害 VC では、「SOS」を出しにくい世帯もあることを意識して、発災初期に民生委員・児童委員や自治会役員、そして住民から聞き取りを行いました。9 月下旬にはニーズの再調査を行い、必要があれば集中的にチラシをポスティングするなど、ニーズ把握に努めたそうです。

必要だった要配慮者への支援の視点

　一方、当時の災害 VC の運営を振り返り、市社協職員は課題の一つとして、要配慮者や障害者支援の動きが十分できなかったことを挙げています。社協職員が被災地域を訪問するとともに、自治会役員や民生委員・児童委員からも情報を得るなかで、職員は「支援の取りこぼしはないだろう」と思い込んでいましたが、後日、市の障害者自立支援協議会で、「支援は届いていなかった」と意見が出されました。

　災害 VC の運営に関わった市社協の職員は、「災害 VC で要配慮者支援班のようなチームを作ったり、市内の福祉関係事業所に支援の必要があれば、気軽に災害 VC に言ってくださいと FAX を流す等対応ができたのではないか」と振り返ります。

　災害 VC と住民との関係性について、社協職員は「『できることはある？』

『こんなことができるよ』といったことを話し合えれば、被災した状況でも、もう少し豊かに暮らしを支えることができるかもしれない。災害 VC がボランティアによる支援を調整するための機能だけではなく、住民も NPO も、関係機関や専門職も、いろんな想いをもった人が協議できるテーブルを用意したいし、日頃からこうした取り組みを進めていきたい」と話しました。

日頃からの地域づくりを基盤に災害に備える

　この災害では、災害 VC で活動したボランティア数は延べ 2,862 人でしたが、その半数を超える 1,525 人が高島市民でした。地域住民の多くが災害支援を経験したことは、今後の防災を意識した地域づくりにつながる可能性を秘めています。

　高島市社協職員は、今後の地域での防災活動を進めていくうえで、地縁型とテーマ型のネットワークが連携することが重要だと考えています。「見守りネットワークのような地縁型のつながりと、災ボラ連協のようなテーマ型のさまざまな活動団体が集まり、多面的に災害 VC に関わることの意義が大きいです。外部とのネットワークもあわせて、重層的なネットワークや支え合いの構図を描くこと。そうしたネットワークをサポートする高島市社協の体制を作りたい」と今後の方向性を語りました。

災害 VC 運営に外部支援者が関わる大切さ

　「今回の災害で災害 VC を運営するまで、他の被災地で多くの経験を積んでいました。しかし、自らの市町村で当事者（運営者）となると戸惑いが大きく、外部支援者のサポートに助けられました」と市社協職員は振り返ります。

　災害 VC の運営者は、支援の総合的なマネジメントを行うことが求められます。一方、普段関わりのある地域であることからさまざまなしがらみ

も生じます。多くの支援方法のなかで、どれを選択したらいいか悩み、職員が精神的に疲弊します。このような状況下で、外部からの運営支援者が客観的な助言を行う存在となりました。

　また、「この地域は大丈夫だろう」と地元の社協職員が関わっていなかった地域に外部支援者が入り、困っていることを把握してボランティアによる支援につなげた例もありました。異なる視点をもつ外部からの運営支援者の大切さを、災害VC運営を通じて強く感じたそうです。

（3）社協職員一人ひとりが考えることのできる職場づくり

社協職員自らが考え行動する

　2013年の台風18号発災後の初動時、高島市社協では職員各自の判断も含め、迅速に対応することができました。大雨が降り出した9月16日未明から、職員から自分が暮らす地域の状況を伝える連絡が管理職に入り始めました。「自分の安全を確保して、明るくなってから動くように」と指示が出されました。夜明け後に行政の速報を得てから、動ける社協職員を中心に被害が発生した地域を目視で確認しました。

　発災当時に社協が作成した資料では、「①被害は局所的だが、市域全体で大小の被害が点在している。大きな被害場所に気を取られすぎず、全体の状況を把握する」「②行政や集落の区役員の把握している情報は速報値と考え、被害数・地区は増えることを見込んでおく」と、被災下での地域状況がアセスメントされています。

　これらの見立てと、社協職員自身が被災地域の住民から聞いた話、その地域がもっている資源をふまえ、その後の支援の在り方が考えられました。併せて、同じく発災時の16日には、市社協の在宅介護部門の職員が、「①自身の地域で避難して避難所で支援活動を実施」「②出勤して利用者の安否確認を実施」「③避難所に避難した要配慮者の入浴やその受入対応を実

施」など、社協職員が各自の状況を踏まえて行動していました。

災害時の行動指針を踏まえて主体的に動くことがかぎ

　高島市社協では、災害時の社協職員としての行動指針を設け、その考え方を共有していました。それでも、災害時はマニュアル通りに事が進みません。そのため、社協職員としての日常の自分の役割を背景に、どう動けばいいかを考えて、職員一人ひとりが行動するよう心がけています。

高島市社会福祉協議会職員災害時の行動指針

　私たち高島市社協職員が、災害時にも大切にしたい10か条
1　自分や家族の命を大切にする
2　地域の救護、救援活動への積極的な参加
3　正確な情報把握
4　社協職員としての主体的行動を取れる力（マニュアル依存や上司の指示待ちではなく）
5　被災者の声を聞く（ニーズの把握、被災者相談体制）
6　住民や関係機関と連携し、ネットワークで被災者支援活動をおこなう
7　家族や地域の理解を得る（社協の役割を知ってもらう）
8　災害支援や防災に関する積極的な研修や訓練参加、自己研鑽を重ねる
9　日頃から、自分の暮らす地域のことを知っておく（地理や地域特性など）
10　孤立無援の状況におかれても、高島市社協職員は「理念と行動規範」で繋がっていることを忘れずに勇気を持って行動すること

　当時の社協事務局長は、「発災当日の朝から職員が各自で動いていました。『今必要なことは何か』という認識は、一人ひとりがもっていたと思います」と振り返ります。

　この動きとなった基盤は、日頃の業務の積み重ねでした。例えば、毎月行っている社協の経営会議では、地域の集落を主体とした見守りの状況や災害対応の考え方を伝えたりしながら情報共有しています。こうした情報が一人ひとりの職員に伝わることで、災害時に「今やるべきことはこれだ」「法人としてはこう考えるだろう」と判断でき、指示を仰がなくとも動くことができます。

　さらに重要なことは、社協職員の日頃からの住民への向き合い方でした。地域の人々の暮らしを支えるため、「今何を見て、何をするのか」を考えるのは、平時でも災害時でも同様です。職員一人ひとりに社協のミッションや、普段の取り組みや動きで「なぜ、これをこうするのか」ということが、深い部分で共有されていたのです。

大規模災害における支援の実際（東日本大震災）

石巻市と被害状況

　現在の石巻市は、2005（平成17）年4月1日に1市6町が合併して誕生しました。2011（平成23）年3月11日に発生した東日本大震災では、市内で死者3,552名、行方不明者420名（2019〈令和元〉年7月現在）、住宅・建物の全壊数は20,034世帯（2014〈平成26〉年4月時点）。また、最大避難者数は50,758名（2011年3月17日）と、当時の市人口（163,200人）の3割以上に及びました。

　石巻市は、震災前後の1年で約1万人の人口減少となり、その後も緩やかに減少が続いています。

（1）災害VC開設前後

災害に備えた行政・関係機関の連携が活きる

　発災時に市外に出かけていた石巻市社協の職員は、発災後、石巻市に戻り市社協の本所に連絡し、職員の行動指針にしたがって最寄りの支所に行きました。発災直後から携帯電話が不通になるまでは、本所と連絡しながらつながりのあった団体に資機材の提供を依頼するなど、社協職員それぞれが、支援を仰げる人に連絡をして、協力を依頼しました。

　発災翌日の3月12日、市内中心部は津波による浸水被害を受け水が引いていませんでしたが、災害VCを設置することになっていた石巻専修大学の様子を確認することができました。一方、石巻市長からも災害VC開設の要請が社協本所にあり、さらに社協事務局長からの指示を受けて大学に災害VC開設許可を取り、発災4日後の3月15日に開設することになりました。

　発災4日後に災害VCを設置できた大きな要因は、発災時に備えて事前

の準備が進められていたことです。大規模災害時に石巻専修大学に災害VCを開設したいという社協の意向を石巻市役所も理解し、行政と社協が一緒に大学と交渉していました。発災時に「災害VCをどこに開設しようか」といった迷いや使用可能な施設との交渉をすることなく、関係者全員が決まっていたことを実現するために動けたのです。

外部支援者が寄り添い災害VCを支援

石巻専修大学では3月14日から災害VCの開設準備をしましたが、電話もテレビもコピー機もありません。そもそも電力がありませんでした。そのため災害VC開設後も、「災害VCを開設しました」と発信できない状況が続きました。このようななか、地域住民や高校生、隣接の内陸地域の人が水の引いた地域から活動を始めました。

外部のボランティアも早くから活動を進めていました。大規模災害の支援経験が豊富な人たちが石巻市に入って活動をし、避難所に行かずに被災家屋に住んでいる人を見つけたときなどは災害VCにつなぎました。

外部からの支援者は災害VCを訪れてくれたり、SNSを活用して「石巻専修大学に集え！」と発信してくれました。さらに「活動している団体が集まって連絡会議を開き情報共有したほうがよい」とアドバイスを受け、石巻専修大学の教室を借りて、3月20日から連絡会議を始めました。NPOなど支援者の多くは大学の敷地内で寝泊まりし、石巻を拠点にして女川町や東松島市、南三陸町の支援をする団体もありました。石巻市の災害VCがこうした広域拠点の役割を担ったことで、市外の情報が入ってきました。

（2）外部支援者とともに新たな地域づくり

経験豊富な外部支援者の動きを学ぶ

　連絡会議では、泥かき、清掃、炊き出し等、各団体がすでに各所で活動していたので、「この地域にこのような支援が必要だ」と状況を共有するとともに、ボランティアの調整をしました。また、重機を扱える人が支援に来ており、道路を塞いでいるものを重機でよけて避難経路をつくったりしました。災害 VC の各セクションに配置された社協職員は、「こんな感じでやってくれるのか」と支援者の動きを理解していきました。

　一方、一部の社協職員は、災害 VC のすべての調整を担いながら、避難所での炊き出しなど多くの調整が重なっていました。市内が広域で被災するなかで、ジグソーパズルのようにさまざまな調整ごとを進めており、「しんどい」との声が出ていました。このような社協職員の状況を見かねた外部の支援団体が、炊き出しの調整を担うようになりました。

　このように外部支援者の力を借りることで、社協職員はボランティア活動に来る個人や団体、ボランティアバス、企業の調整に専念することが可能になりました。

地域ごとに外部支援者に支援を託す

　支援開始時は、外部からの支援者それぞれが、市内各地にバラバラに入り活動していました。一方、被災住民から災害 VC への依頼も入ってきていたため、社協職員は「"点"で対応していては立ち行かなくなる」と考えました。そこで各支援団体に、各団体の活動地区を基本にして「エリア担当」を依頼しました。「点」で来た連絡を、「面」で動いている担当地域の支援者や団体に伝えることで、支援者が共通のニーズ票を持って活動し、１日の終わりに膨大な数を集約するようになっていきました。

　また、活動終結の見立てを行うため、「支援活動が終了した家」「要望が

あってまだ活動していない家」「被害を受けて壊すことになった家」を色分けして、地図ソフトに落としていきました。これにより、支援を待っている家の情報が共有できるようになり、先の見通しが立てやすくなっていきました。

外部支援者からの力を借りる地域づくり

　震災以降、石巻市では大雨が降ると、自治会長や民生委員・児童委員など、地域のキーパーソンが近所を歩いて状況を見ます。その際に住民に「被害があればボランティアにもお願いして来てもらったら」と声をかけることで、身近な地域のキーパーソンを通じて、外部支援者につなぐ道筋を整えました。これが地域住民にとって、外部からの支援団体に対して安心感をもつことにつながり、地域住民と外部支援者が「助け合おう」という風潮が築かれていきました。

　東日本大震災での支援を機に、新しくできた外部支援者とのつながりは、現在、石巻市社協の貴重なネットワークとして続いています。地域で課題が生じた時、多くのNPO、NGOの活動者の顔が思い浮かび聞けることが、支援の幅を広げています。特に子どもへの支援の幅が大きくなり、コミュニティー支援の幅も増えています。NPOと協働した事業も多く生まれました。

　社協では当時の経験から、多職種のNPOが集える場としてのプラットフォームづくりを進めています。地域支援にあたり、社協が「できること、できないこと」を伝え、各団体と役割分担しています。社協の担当職員は、「NPOの人たちと腹を割って一緒に乗り越えてきたので、距離感は縮まっています。プラットフォームとしての事業を強化し、継続していくことが社協の役割だと考えます」と話します。

(3) 継続的に地域を見守る「社協らしい」支援のカタチ

社協の支援スタンスは「全体的に支援をすること」

　東日本大震災では、地震、浸水被害があまりにも大きかった一方、被害は大きくなくとも、震災前から気にかけていた高齢者の困りごとに対してどのように対応するかなど、さまざまな支援の在り方が問われる状況となりました。その結果、社協職員間で共有したのは、誰もが支援を要する状況のなかで「全体を支援していこう」ということでした。

　甚大な被害を受けた地域の多くの住民は避難所に避難しましたが、津波で被災しても自宅の２階で生活している人もいました。精神的な疾患や心のケアが必要な人などを把握し難いなか、社協職員は常にアンテナを高く張りながら把握を試みました。また、市内各地で活動していたNPOが情報を得て社協に伝え、社協職員が訪問する取り組みも行われました。

震災前からの社協の取り組み

　石巻市社協では、2005年の１市６町による合併時、各地域の人口規模の差が大きかったこともあり、職員も何から取り組めばよいか分からなくなることもありました。そのなかで、文化・伝承といった地域の決まり事を勉強し、地域の人たちがこの土地でどのように生活し生きてきたかを知ることで、事業の提案の方法などを工夫してきました。

　地域に出かけることを心がけ、社協の事業を「見える化」することを意識していました。特に、災害に対する住民の関心はどの地域でも高く、社協職員が自主防災組織に出向き、座談会や講座をするなど力を入れてきました。

　このような震災前からの関係性が、社協職員と町内会長との距離を近くしていきました。震災後は、外部支援者のNPOと社協職員が共に地域を訪問し、住民に外部支援者への安心感を持ってもらうとともに、互いをつ

ないでいきました。この動きは、社協自身が震災後に意識してきた「社協の仕事の見える化」でもありました。

（4）被災後の新たな地域福祉づくりのために

地域ごとに「地域福祉コーディネーター（CSC）」を配置

2011 年 6 月から仮設住宅への入居が始まるにあたり、社協内では「これからは被災者の生活支援が重要になる。地域福祉に結びつけるために仮設住宅での支援は社協がやるべき」との議論がされていました。

市行政も同様に考えた結果、仮設住宅への訪問支援は社協が受託することになりました。地域ごとのマネジメントの必要性を市役所職員と共有し、その地域の歴史や文化の違いを分析して市内を 10 地域に分けて、「地域福祉コーディネーター（CSC）」を 1 人ずつ配置しました。仮設住宅への訪問支援から始めましたが、いずれ在宅生活全般を支援する方向性をもって取り組み始めました。また 2012（平成 24）年度からは、人材育成のために宮城県社協から 1 名の出向を受け入れ、2 年間にわたり活動しました。

顔が見えることの安心感

地域別の担当制による CSC の活動は、地域住民にとって担当者の顔が見える安心感を生み出しました。CSC は、市内の関係機関による多職種連携会議に参画することで、支援情報を共有しました。また、認知症サポーター養成講座の開催に合わせて家族会を作るなど、当事者の組織化といった新たなコミュニティーづくりを支援したり、災害復興公営住宅の入居者と受け入れる地域側の双方を支援することで、コミュニティーを築いていきました。

自治会の思いや地域の福祉ニーズに対し、「この専門職集団が担当しま

す」「社協のコーディネーターが窓口を担います」と、CSC が役割を担うことを伝えることで、住民も安心感をもって関わることができるようになったのです。

CSC の活動基盤づくりと人材養成

CSC の活動は、年度に応じた具体的な活動目標を基に取り組んできました。新任時には人脈を作り、信頼関係の構築に努めることを目標にしました。二年次には、地域のキーパーソンとなる人材を見つけるとともに地域活動を実施し、側面的支援を目標に掲げました。そして三年次は、インフォーマル（制度外）の支援の強化を図り、多職種と連携して地域包括ケアシステムにつながる地域づくりの促進を目標として取り組みました。

仮設住宅やみなし仮設住宅から、自立再建や災害復興公営住宅への移転と、被災者の住まい方が多様に移行するなかで、移行先で受け入れる住民への支援と合わせ、住居支援を主眼において取り組んでいます。今後、CSC もしくは CSW（コミュニティソーシャルワーカー）として地域福祉を推進していくことを目指しています。

CSC が「生活支援コーディネーター」も兼務

現在の石巻市社協では、市の保健師や他機関の専門職および NPO 等支援関係団体と連携・協働し、また、各担当地域内の自治会役員や民生委員・児童委員とも連携した事業を実施して、「地域福祉コーディネーター」が福祉の専門職として定着しつつあります。市の「介護保険事業計画」「地域包括ケアシステム推進実施計画」には、地域福祉コーディネーターの育成配置も位置付けられ、2016（平成 28）年度からは地区民児協単位（16 地区）を基準に 13 名が配置されています。

また 2016 年度からは、改正介護保険法の生活支援体制整備事業における「生活支援コーディネーター」を兼務し、高齢者に対しての支え合いの

仕組みづくりや地域包括支援センター等の専門職と連携して、要介護状態にならないよう健康を維持する「介護予防」への取り組みも進めています。

（5）災害時に力を尽くせる社協であるために

平時からの社協内の関係性づくり

　石巻市社協は、東日本大震災発災時からの対応を振り返り、災害時に機動的な対応を進めるためには、平時からの関係性づくりが重要と強調しています。社協職員は「被災直後からこれまでの取り組みを通じて、日頃の信頼関係の構築があれば現場判断が可能であり、担当者の現場意見が判断に反映されやすくなると実感しました」と、当時を振り返ります。日頃のコミュニケーションで意識を共有していたことに加え、職員自身も、取り組みを通じて期待できる効果や活動を提案し見通しを共有すること、そして理にかなった説明を心がけたことで、上司の理解が早く得られ、事業や取り組みを即断即決しやすい環境を作ってきました。

　最後に、市社協職員の言葉を紹介します。「一般的に『上司が障壁になっている』とか『仲間の理解がない』という話を聞くことがあります。しかし職場内での関係づくりを積み重ね、目の前の課題を突破できるように、時間をかけて説明することが必要だと思います。『平時が大事』とよく言われますが、平時に災害時を想定しながら戦略的にやるべきことに取りかかっておく必要を感じます」。

2014年群馬県大雪災害　前橋市大雪たすけあいセンターの取り組み

　2014（平成26）年2月14日から15日にかけて関東甲信地方を中心に降った雪は、記録的な大雪となりました。群馬県前橋市でも、観測史上最高の73cmの積雪を記録し、人的被害をはじめ、住家被害や農業被害が多数にのぼり、交通網もまひしました。前橋市社協では、「前橋市大雪たすけあいセンター（雪セン）」を2月18日に設置し、活動を始めました。

SNSを通じた情報発信

　大雪で機動力が発揮しにくいなか、雪センの職員がfacebookで、豪雪対応に関する情報発信支援の呼びかけを投稿しました。すると、「前橋○○部」※が「やるよ！」と応えてくれたのです。「前橋○○部」の発信により、多くの人から雪センに「できることがある？」と声をかけてもらい、運送会社によるトラックの確保や資機材配送、牛乳店によるチラシ配布など、各分野を活かした支援につながりました。

　当初、情報発信への反響は、すぐに除雪してくれない行政への不満など消極的な意見がありました。しかし前橋○○部のメンバーが、「雪センには行けないけど、街で雪かきしてるよ」「私もやりました」といった発信を行い、支援が積極的な雰囲気に変わりました。

市民参加の活動をWEBで提案

　雪センでは、降雪から1週間後の週末、前橋○○部と相談し、「前橋いっせい雪かき大作戦」キャンペーンを展開しました。「この週末でそろそろケリつけちゃう？」というコピーで、「(1) 自分の気になる場所をおのおので雪かきしてみる」「(2) 雪センの活動に参加してみる」と、市民参加による助け合いを提案しました。

　その結果、若者が1軒ずつ訪問して「困っていることはないか」と聞い

たり、雪かき道具がない人に資機材を貸し出すなどの活動が生まれました。情報発信が活動の後押しとなり、イベント的なものではなく、今やるべきことを有効に発信する手立てにつながりました。

　また、雪センの閉所前には、「前橋ゆきどけ週間」として、「(1) できるところで雪山を崩して雪をなくす」「(2) 雪センのお宅訪問に参加する」という活動を提案しました。そして雪センの閉所当日には「最後に皆さんと一緒にやりたいことがあります」と資機材返却の準備をする「全国おかえし大作戦」などを呼びかけました。

　雪センが提案する情報が WEB でシェアされることで市民の共感が広がり、支援活動への参加が広がりました。「来てください、活動してください」ではなく、「一緒に活動しましょう」と提案し、市民から「自分の家周り以外でも雪かきしたよ」と活動の発信がされました。そしてそれに触発されて「自分もやろう」と自主的に参加する人が増えていきました。みんなが困っていた大雪の経験で助け合いの機運が高まり、それを日常の活動につなぎ活かすこともできました。

多くのつながりが活きた情報発信

　情報発信は前橋○○部の facebook や Twitter による発信のほか、支援Pのメンバーにより雪センのホームページが開設され、東京から後方支援が行われました。

　前橋市社協の皆さんは、「IT 活用の重要さはわかっていても、自分たちだけではできません。社協として、福祉関係だけに限らず日頃から多様な人や機関とのつながりが豪雪対応に活かされ、またその経験を共有したことがその後の日常に活かされていることを強く実感しました」と振り返りました。

※「前橋○○部」：○○に好きなことを入れて、前橋を楽しみ集まる人を増やそうというゆるやかな集まり。2015 年度グッドデザイン賞受賞。

平成 30 年 7 月豪雨（西日本豪雨）の情報共有会議

　愛媛県で開催された情報共有会議（コア会議）は、愛媛県社協が設置し、愛媛県社協、愛媛県庁（保健福祉課、障がい福祉課、防犯機器管理課など）、えひめリソースセンター（県域で NPO の中間支援を行う団体）、JVOAD（全国災害ボランティア支援団体ネットワーク）、支援 P（災害ボランティア活動支援プロジェクト会議）が主要メンバーとなるコア会議が開催され、情報共有、市町災害ボランティアセンターに対する支援策、NPO・ボランティア団体等との共同活動が検討されました。その後、会議は大きな被害を受けた西予市、大洲市、宇和島市の 3 市が順番で開催するようになり、市行政も参加して課題の共有と対応が検討・実施されました。

■情報共有会議で共有され、対応された課題等（例示）

（1）　宇和島市は被災により市外からのアクセスがよくない状況となり、ボランティアの支援が届きにくい状況にあるため改善が必要となっている。

　　【対応】人口が多く、他県からもアクセスしやすい松山市から宇和島市へボランティアバスを運行することとし、経費を県行政が、ボランティアの募集を社協と行政で行うこととした。

（2）　宇和島市で水道が被災し、断水状況が長く続いており、猛暑のなかで、特に在宅で避難生活を送っている被災者の健康被害が懸念される。

　　【対応】県行政が給水車やペットボトルなどを手配し拠点に届け、ボランティアが被災者宅に水を届けるプログラムを組み立てて対応した。また、被災状況を調査していた NPO の情報を基に、東京都がオリンピックに向けて用意していた浄水器を県や宇和島市が借り受けるようにした。

(3)　西予市では在宅で避難生活をしている障害者の状況が把握でき
　　ず、支援を届けることができないことが課題となっていた。
　　【対応】県庁が調査費用を確保し、社会福祉士会が在宅避難する障害
　　者の全戸調査を実施。支援が必要と考えられる人に社協や市行政が
　　アプローチして、ボランティアや福祉サービス等による支援を行っ
　　た。
(4)　愛媛の主要産業であるみかん畑に土砂が流入し、土砂の撤去とみ
　　かんの収穫ができない状況だった。農家の生活再建の基盤が失われ、
　　生活困窮となることも懸念された。
　　【対応】災害VCでは、農地等の回復の支援を行っていなかったため、
　　コア会議と中間支援を行うNPOにつなげ、地域で活動するNPOに
　　支援活動を呼びかけた。また、土砂により被害を受けた器具や畑の
　　片付けをNPOが実施し、収穫作業は行政施策を活用してアルバイ
　　トを募集して対応するなど、連携して活動した。宇和島市では、農
　　業協同組合（JA）等を中心に「みかんボランティアセンター」が設
　　置され、行政・NPO・JA等の連携を活かし、被災田畑の復旧、収
　　穫ボランティアバスの運行などの支援を行った。

　県内で大きな被害を受けた宇和島市と西予市では、市域を基盤として、
社協、行政、NPO等が参加する会議（「牛鬼会議」宇和島市、「西予会議」
西予市）が開催されるようになり、復興・復旧を目標に課題解決に取り組
みました。
　被災から2年半以上経過した2021（令和3）年3月時点も、コア会議、
県域会議、牛鬼会議は継続して開催されています。

情報共有会議と災害VC
　災害VCには被災者のニーズが最も多く寄せられます。その内容は多種

多様であり、多彩な支援者の力がないと対応が困難な幅広い分野にわたります。災害 VC がすべてのニーズに対応できることは理想ですが、現実には多くのボランティアの受け入れ、人数を必要とする大規模な活動へのマッチング、そしてその時に優先されるべき活動につなぐことで精いっぱいの状況があります。そんななかで、「情報共有会議」は、おのおのが異なる得意分野をもつ支援者が集まり、それらを解決していくことができる貴重な情報共有と活動調整の場となっています。

　災害 VC が情報共有会議に地域のニーズを伝え、また情報共有会議の参加者の力を借りて連携を図っていくことが、被災者支援にとって大きな力となるということを念頭において、積極的に情報共有会議を活用していくことが大切です。

災害ボランティア活動ブックレット　編集委員会名簿

（2019年7月時点、五十音順・敬称略）

氏　名	役　職
○　阿部陽一郎	社会福祉法人中央共同募金会　事務局長
上島　安裕	一般社団法人ピースボート災害ボランティアセンター　理事・事務局長
北川　進	社会福祉法人宮城県社会福祉協議会　震災復興・地域福祉部震災復興支援室　主幹
合田　茂広	一般社団法人ピースボート災害ボランティアセンター　理事
定池　祐季	東北大学災害科学国際研究所　助教
津賀　高幸	株式会社ダイナックス都市環境研究所　主任研究員
松山　文紀	震災がつなぐ全国ネットワーク　事業担当責任者
明城　徹也	特定非営利活動法人全国災害ボランティア支援団体ネットワーク（JVOAD）　事務局長
山下　弘彦	日野ボランティア・ネットワーク／鳥取県西部地震展示交流センター

○委員長

（運営）全国社会福祉協議会　全国ボランティア・市民活動振興センター

≪著者紹介≫

山下 弘彦 (やました　ひろひこ)

日野ボランティア・ネットワーク／鳥取県西部地震展示交流センター

1966年鹿児島県生まれ。2000年に旅行中に鳥取県西部地震に遭い、ボランティア活動に参加。その後、同県日野町に暮らす。社会福祉法人日野町社会福祉協議会理事、鳥取県防災及び危機管理に関する基本条例検討委員会委員などを歴任。

災害ボランティア活動ブックレット２

被災地に寄り添う災害ボランティアセンター運営

発　行　2021年５月26日　初版第１刷発行
著　者　山下　弘彦
編　著　災害ボランティア活動ブックレット編集委員会
発行者　笹尾　　勝
発行所　社会福祉法人 全国社会福祉協議会
　　　　〒100-8980　東京都千代田区霞が関3-3-2　新霞が関ビル
　　　　電話　03-3581-9511　　振替00160-5-38440
定　価　880円（本体800円+税10％）
印刷所　株式会社 丸井工文社
表紙デザイン　㈱ビー・ツー・ベアーズ
写真　全国社会福祉協議会 全国ボランティア・市民活動振興センター
ISBN978-4-7935-1374-9 C2036 ¥800E